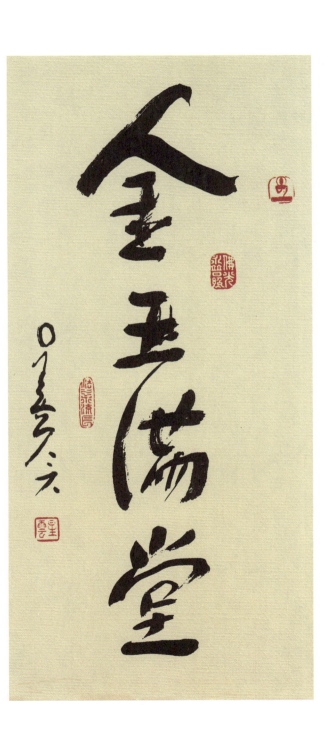

星云大师
总策划

佛光山金玉满堂系列

法相

慈庄法师 · 著

中国出版集团　　现代出版社

图书在版编目（CIP）数据

法相 / 慈庄法师著 . — 北京 ：现代出版社，
2017.10

（佛光山金玉满堂系列）

ISBN 978-7-5143-6282-4

Ⅰ . ①法… Ⅱ . ①慈… Ⅲ . ①佛教—通俗读物 Ⅳ .
① B94-49

中国版本图书馆 CIP 数据核字（2017）第 169090 号

本书由上海大觉文化传播有限公司独家授权出版中文简体字版

法相

总 策 划：星云大师
作 者：慈庄法师
责任编辑：张 霆 曾雪梅
出版发行：现代出版社
通信地址：北京市安定门外安华里 504 号
邮政编码：100011
电 话：010-64267325 64245264（传真）
网 址：www.1980xd.com
电子邮箱：xiandai@vip.sina.com
印 刷：三河市南阳印刷有限公司

开 本：710mm×1000mm 1/16
字 数：228 千字
印 张：20.5
版 次：2018 年 1 月第 1 版 2018 年 1 月第 1 次印刷
书 号：ISBN 978-7-5143-6282-4
定 价：58.00 元

编者序

进入佛法堂奥之钥

佛教典籍浩瀚无边，令许多想要一窥堂奥的人望而生畏，又因古文生涩难解，名相术语繁多，让习惯阅读白话文的现代人，以及有心学习之士，有了文字上的障碍。

如何将佛教经典艺文化、通俗化，一直是星云大师念兹在兹的心愿。1978年，大师鉴于岛内研究佛学的工具书有限，于是敦促佛光山大藏经编修委员会编辑一套简明实用，且具体完整的辞典，以供研究者使用，亦即耗费十年编纂而成的《佛光大辞典》，问世后，因内容包罗万象，广受各界学者及宗教人士的肯定；翌年，即获颁"金鼎奖"的殊荣，这是佛教史上第一部以白话文撰写的佛教大辞典。

为了实践此一理想，大师除了孜孜不倦书写创作出版之外，近日亦在各地演讲畅谈"佛法真义"，希望将佛陀真正的教示本意为大众说明，避免宣扬者以辞害意或断章取义，让有心学佛人士不再视为畏途。

其实，早在50年前，大师于高雄创建寿山佛学院之始，便已极力提倡平实简易的生活化佛法，企盼佛教也能编纂一本浅易简明的佛学名相索引。当时慈庄法师担任教务工作，大师嘱咐她以生动活泼的语体方式教授佛教名相学，并将教材汇编成文字；直到1997年，佛光山开山 30 周年，佛光文化才将这批尘封已久的教材编辑成《法相》一书。

今日，佛光山金玉满堂编辑组，特从慈庄法师的《法相》遴选出一百篇，搭配画家何山的作品。编汇成此书，以飨读者。

目 录

第三章

第四章

第五章

第一章

一心二门

心地含诸种，普雨悉皆明，

顿悟花情已，菩提果自成。

——《六祖坛经》

【提要】

《大乘起信论》云："依一心法，有二种门。云何为二？一者心真如门，二者心生灭门；是二种门皆各总摄一切法。"由于心具有这一体二面的关系，所以称"一心二门"。我们的心，一念顿悟，放下身心，解脱自在，不受烦恼；一念生迷，钻牛角尖，掀风起浪，不得安宁。过去古人探讨心性是善？是恶？各有高论，大多是从伦理道德的角度去阐发。佛教则从究竟解脱的角度，主张"一心开二门"，认为宇宙人生的实相与众生心不一不异，唯有去妄证真，才能回归原本的清净自在。善恶皆具，应该发扬善的一面，革除恶的一面。

【正文】

"佛是已觉悟的众生，众生是未觉悟的佛""心、佛、众生，三无差别"都说明众生与佛本具同一心性，只因无明妄动而有生住异灭、迷悟染净之相。《大乘起信论》为了说明心的这种性质，遂将含摄诸法的众生心，分为"心真如门"与"心生灭门"，以显其体用，称为"一心二门"。

1. 心真如门：心的本体，没有生住异灭、迷悟染净等对待差别之相，为绝对平等之理体，此理体不生不灭，不增不减，真实如常。

2. 心生灭门：心的动相，随缘生灭，故产生生住异灭、迷悟染净等对待差别之相。

心的本体能显现万法，然凡夫偏于妄情，故不见平等之理体，若除妄情，则真如之体自现。故知真如、生灭二门，实则不一不异。就义来说，真如门是绝对平等的本体，不生不灭的实在；生灭门则是相对差别的诸法，生灭变化的现象，二者截然不同，故说不一。就体而言，非真如本体之外有生灭现象，非生灭现象有真如本体，因此真如即生灭，生灭即真如，故说不异。以水波的关系为喻来说，水是体，波是相，此为不一；离水则无波，此为不异，故知不一不异是一体之二面。

从以上的诠释得到一个结论：宇宙万有之本体为一心，众生与佛同具此心。由心之本体而言，具有不生、不灭、不增、不减等性质，为绝对的无差别相，称为心真如门；由心之动相而言，具有生、灭、增、减等性质，为相对的差别相，称为心生灭门，此二者为一体两面之关系，即称为一心二门。若以禅宗公案"慧可安心"来说，未安之心就是心生灭门，已安之心就是心真如门，因此凡夫只要识心①寂灭，泯除妄想动念，即可见性悟道。

【注释】

①识心：谓真如门所依之心与实相一味之理会合。亦指六识或八识之心王。《楞严经》："一切世间十种异生，同将识心居在身内。"

【思考】

1. 试述"一心二门"之含义。

2. 为什么说众生是未觉悟的佛？

3. 如何进入"心真如门"？

一心不乱

一心不散乱，尽摄诸善法。

——《大智度论》

【提要】

禅宗以参禅打坐为要务，所谓"若人静坐须臾顷，胜造河沙七宝塔，宝塔毕竟化为尘，一念静心成正觉"，在日常生活中，面对纷纭扰攘的世事人情，要做到"一心不乱"并不容易，如果能学习在闹时炼心、静时养心、坐时守心、行时验心、言时省心、动时制心，清楚知道自己的心思举动，不恁凭妄心浮动，便能真正达到一心不乱的境界。

【正文】

在这个世界上，和我们最亲近、关系最密切的，就是我们的心。心是我们的主人，但是大部分的人都不认识自己的心，不知道自家本来真面目，因此做不了自己的主人，唯有了解自己的心，才能认识自己，所以说"修行要修心"。

谈到修心，翻开三藏十二部经典，无处不在说明观心、净心的重要，无处不在指陈心的妙用。所谓"佛语心为宗""心恼故众生恼，心净故众生净""唯其心净，则一切国土皆净""心生种种法生，心灭种种法灭""宇宙万象由心而生""迷与觉不离自心""心迷法华转，心悟转法华"等，佛经中对心的譬喻更是不胜枚举，例如：（1）心如猿猴难控制；（2）心如电光刹那间；（3）心如僮仆诸恼使；（4）心如国王能行令；（5）心如泉水流不尽；（6）心如画师描彩绘等，可以说佛教就是一个谈心、修心的宗教。

心又名法身、真如、自性、法界、法性、如来藏、佛性等，心有多种名称，表示"心"有千变万化的思虑与妄想，因此经常"三心二意""心猿意马"，甚至"鬼迷心窍"的鼓动着眼、耳、鼻、舌、身去做各种坏事，使得我们受苦受罪，因此《八大人觉经》说："心是恶源。"

心又名"自性清净心"，表示心的本性是清净的。有一首偈语说："菩萨清凉月，常游毕竟空；众生心垢净，菩提月现前。"我们的心就像一池湖水，湖水如果波澜不兴、澄澈清明，则天上的明月自能投映湖心；同样的道理，如果我们的心能不被杂念妄想、五欲尘劳所污染，能保持心平气和，不动荡扰攘，时时保持心湖的澄澈宁静，自然能够照见自己的本来面目①。如何才能找到自己、认识自己的真心？关键就在于如何"止心一境"，保持"一心不乱"。

如何让我们这颗"上穷碧落下黄泉"的心达到"一心不乱"？尽管各宗各派提出种种的理论以及实践法门，但是真要做到"一心不乱"并不容易，尤其在日常生活中，面对纷纭扰攘的世事人情，要对境不动念更是困难。不过，如果能够时时抱持着与人为善、从善如流的心，凡事不与人计较、比较，不嫉妒人有，不因称讥毁誉、利衰苦乐而动心，不把时间心力放在谈论人我是非、追逐财富名位上面，进而安住在慈悲喜舍、感恩知足、充实自我、服务人群等自利利人的修行上，如此则不为物累情迁，不为闲事烦心，自然能活得安心自在、解脱逍遥！

【注释】

①本来面目：禅宗用语，指的是人人本自具有的自性清净心。

【思考】

1. 为什么修行要修心？

2. 佛经对"心"的譬喻有哪些？

3. 如何达到"一心不乱"？

一念三千

善意譬如电，来明去复冥，

邪念如覆云，恶起不见道。

——《三慧经》

【提要】

"一念"，也称一心，为心念活动的最短时刻；"三千"，是十界、十如是、三世间相乘出来的法数，也是世间、出世间一切诸法的称谓。"一念三千"，说明了人心当下的一念，具足了世间一切万法。换句话说，人心一念之间的主观世界，就是宇宙客观万有的缩影。世间的各种因缘际遇，也往往发生在"一念之间"。

【正文】

三点若星相，横勾似月斜；

披毛因它成，成佛也由它。

这个谜语说的就是我们的"心"，我们的心一天来回十法界①不计其数，所以三千诸法都在我们的一念心中，故说"一念三千"。

三千即表示世间、出世间的一切善恶、性相诸法。根据天台思想，无论凡圣，介尔一心均具足"十法界"，"十界互具"得百界，百界各具"十如是②"得千如，此千如复各具"三世间"，则成"三千世界"，于是众生一念妄心起，便具足三千诸法了。因此，若要了解"一念三千"之理，就必须先明白"十法界""十界互具""十如是""三世间"的意义。

由于"十法界""十如是"已另立条目解释，今只就"十界互具""三世间"做一介绍。

1.十界互具：互具，是说十界不孤然独立，是界界互具，一一皆具十界的意义。因为十界互具，因此昨日的地狱，能成为今日的人间；今日的畜生，也能成为明日的如来，向上向下，转换无穷。因此，迷悟升沉的条理，了然齐备；解脱进取的意义，灼然显明。故顺观十界，是向上解脱的过程；逆观十界，则为向下堕落的过程。地狱界中具有其余的九界，乃至佛界中也具有其余的九界。例如：起了贪嗔痴的心，就是三恶趣的心；起了十善心，便是天道；起了悲智的心，则是菩萨心。如此则众生之一念心，并非与一切诸法之间有所隔离，而是互具互融，故在一界必与十界同时于此十界又各界十界，而成百界。

2.三世间：世间就是宇宙的意思，上下十方的空间是"宇"，古往今来的时间是"宙"。在佛教里，宇宙和人生统名之为世间，包括有情世间、器世间、五阴世间。

（1）有情世间：指一切有情众生。

（2）器世间：指有情居住的山河大地、国土等。

（3）五阴世间：指由色、受、想、行、识等五阴所形成的世间。

"佛说一切法，为治一切心；若无一切心，何用一切法。"修行重在修心，因此，观察此心念念圆具三千诸法，可以作为修道之基。

【注释】

①十法界：佛教将凡圣的境界由下而上，分为地狱、饿鬼、畜生、人、修罗、天、声闻、缘觉、菩萨和佛等十类，因其各有因果，界畔分明，所以称"十界"。

②十如是：语出《法华经·方便品》："唯佛与佛乃能究尽诸法实相，所谓诸法如是相、如是性、如是体、如是力、如是作、如是因、如是缘、如是果、如是报、如是本末究竟等。"所以，十如是就是指诸法实相存在的十种必要条件。

【思考】

1. 何谓"一念三千"？

2. 试述"十法界"的内容。

3. 二六时中，你如何照顾自己的念头？

三法印

一切行无常，一切法无我，

及寂灭涅槃，此三是法印。

——《莲华面经》

【提要】

佛教不是消极的讲苦、讲无常，而是为了让众生认识苦、空、无常的人生真相，三法印即是印证佛法的依据，识别佛法的标准。让我们明白世间万物，都在刹那间迁流变化，没有一样是常住不变的，会随着缘聚而生，缘散而灭。世间上并没有单一独立、自我存在、自我决定的永恒事物，一切都是依因待缘而生，彼此的关系是相互依存，无有实体性。当我们不再受制于贪嗔痴烦恼的束缚时，当下就是一种涅槃解脱的境界，所以涅槃乃人人可证，当下可得。

【正文】

佛法是宇宙人生的真理。所谓真理必须合于：普遍如此、必然如此、本来如此、永恒如此等条件。印证佛法合乎这些条件的定律，称为"三法印"。

1.诸行无常："诸行"是指一切事物和一切现象；"行"又有迁

流、转变的意思。世间上一切形形色色的事物，没有一样是常住不变的；没有一样不是在刹那之间迁流、转变。因为世间一切有为法^①都是因缘和合而生起，因缘所生的诸法，空无自性，它随着缘聚而生，缘散而灭。譬如有情世间的人有生老病死的现象，器世间的山河大地有成住坏空的演变，心念有生住异灭的变化。因此，一切法在时间上是刹那不住，念念生灭；过去的已灭，未来的未生，现在的即生即灭，它是三世迁流不住的，所以说"诸行无常"。

2. 诸法无我："我"是主宰和实体的意思，能够称"我"的，必须具有恒常的、自存的、主宰的、自在的。但是，世间一切有为法、无为法^②，并无独立的、不变的实体或主宰者。譬如，一般人执着为"我"的身体，是依烦恼业缘^③、五蕴诸法所成，是虚幻不实的，如梁柱瓦椽和合而有房舍，离开梁柱瓦椽则别无房舍，因此"我"只是假名而已，并无实体。再如世间一切事事物物，也是依靠种种条件因缘所生成，没有本来固有的独立本性，也就是空无自性，因此说"诸法无我"。

3. 涅槃寂静："涅槃"是四圣谛——苦、集、灭、道中的"灭谛"，是破除贪嗔痴，断灭一切烦恼、痛苦、人我等无明火焰，而达于毕竟清净，充满快乐、光明、自由自在的境界，也就是身无恶行、心无恶念，身心俱寂，没有动乱的一种解脱境界。

人生在世，常为扰攘纷纭的世事及贪嗔痴、烦恼无明所系缚，正如犯人被杻械枷锁束缚而不得自在，一旦枷锁卸除了，便得解脱，解脱就是涅槃。因此，涅槃不是死亡，而是佛教最圆满的世界。

诸行无常、诸法无我、涅槃寂静，此"三法印"是印证佛法的根据，是识别佛法、非佛法的标准。在原始佛教的教理中，它是缘起说的思想基础，是最初的根本佛法。因此，若能理解三法印，也就能把握佛陀的根本思想了。

【注释】

①有为法：指有作为、有造作之一切因缘所生法。《金刚经》："一切有为法，如梦幻泡影，如露亦如电，应作如是观。"

②无为法：指无生、住、异、灭四相之作为。

③业缘：谓善业为招乐果之因缘，恶业为招苦果之因缘。一切有情皆由业缘而生。《维摩经》："是身如影，从业缘现。"

【思考】

1. 何谓"三法印"？试举例说明。

2. 试述"涅槃"的真义。

3. 请分享读后感言。

三　业

心能造作一切业，由业故有一切果，

如是种种身口意，能生种种因果报。

——《正法念处经》

【提要】

业，有行为、造作的意思，身口意所造作的行为，称为"三业"。起心动念要去做某件事的意志，称"意业"，又称"思业"；表现在身体行动上者，称为"身业"；透过言语表述出来的，称为"口业"。佛法告诉我们，自己的命运前途不在他人，而是操纵在自己的手里。若能善用今生，造作善美的身口意业，人生必定充满光明，希望无穷。

【正文】

人，同住在一个地方，同样的学识和能力，但是所遭遇的幸与不幸，就大不相同了，这是什么原因呢？这是由于过去所造的业力①不同的缘故。

众生具有同样的本性，但有的在天上逍遥，有的在恶道轮回，这是什么原因呢？这就是由于众生各自所造的业力不同的缘故。

业，是身体、语言、内心所发起的动作，有身业、口业、意业等的不同。

1.身业：从恶的方面说，用刀枪、毒药杀生，杖棍刀石伤害，用手段盗窃强夺，计谋吞没骗取，用财色勾引男女，违背人伦道德，凡是把自己的幸福建立在他人的痛苦之上的行为，都是犯了身业的恶行；从善的方面说，助人解决困难，放生使其欢喜，布施各项财务，给人种种便利、尊重人伦、不犯邪行等，凡是有利于人的行为，都是身业的善行。

2.口业：从恶的方面说，习于恶口两舌，惯于妄言绮语，专揭人之短，专道人之过，花言巧语，中伤毁谤；用语言害人、骗人，使人难堪，都是犯口业的恶行。从善的方面说，给人鼓励，给人赞扬，护人之短，扬人之善，发表有用的言论，讲说诚实的语言，用语言赞人、助人，给予别人有益的言语，都是口业的善行。

3.意业：从恶的方面说，妄想纷飞的贪欲，损人利己的希求，怒目狰狞的嗔恚，怨天尤人的私恨，谬执迷妄的愚痴，拨无因果的邪见，凡是心生贪嗔邪见，就是意业的恶行。从善的方面说，用平等心待人，把欢喜心给人，不起怨毒的恨念，不发无谓的嗔恚，有合理的正见，有净善的智慧，心离妄求嗔恚邪见，就是意业的善行。

佛教的业力论，是合乎因果，合情合理的妙法，人生的幸与不幸，都由自己的身口意创造，没有谁能够主宰我们，而能主宰我们的，还是我自己。

"万般带不去，唯有业随身。"我们的身口意还是多造些善业吧！

【思考】

①业力：谓不可抗拒的善恶报应之力。一切苦乐之果皆因业力所致，故通常有"业力不可思议"之语。《有部毗奈耶》："不思议业力，虽远必相牵。果报成熟时，求避终难脱。"

【思考】

1. 试述身口意的善、恶业有哪些？

2. 为何说"身、口、意"所造的业，可以决定人生的苦乐祸福？

3. 生活中，应如何观照自己的身口意？试举例说明。

三　途

嗔恚堕地狱，恼乱罗刹形，

是故舍恚恼，慈悲严此身。

——《增一阿含经》

【提要】

三途，又称三恶道，为众生造作恶行所感得的世界。当人的心中存有贪婪、嗔恚、愚痴的时候，三途在他的内心世界展演开来了。例如：早晨起床，心如明镜纤尘不染，像佛菩萨的境界；出门后遇到不如意的事，心情转为烦躁气恼、嗔恨心起，那就是地狱；交际应酬时，贪名、贪利、贪饮食的心起，欲火侵蚀心灵，犹如进到了饿鬼道；与人应对时，只想到自己的利益，不分是非对错，愚痴心覆盖了清明的觉性，如此任由内心贪嗔痴的狂涛巨浪翻腾不已，不知在三途来回多少次。

【正文】

十法界中，有六凡四圣①之分；六凡中，又有三善道与三恶道之别；三恶道又称三途，分别是：畜生、饿鬼、地狱。

1. 畜生：畜生又名"傍生"，因为其形状不如人的挺直，傍横傍行之义。畜生无智暗钝，彼此互相残害，且为人所驱驰、鞭挞、杀食，因此饱受种种痛苦恼害。

畜生依其住处，可分为空行、陆行、水行三种，又依行动时间可分为昼行、夜行、昼夜行三类。有五种业因得畜生报：犯戒私窃、负债不还、杀生、不喜听受经法、常以种种方法阻碍他人举办斋会等。

2. 饿鬼：常饥虚，恐怯多畏，故名饿鬼。饿鬼有三种障碍，故不得饮食。

（1）外障：由于业力的缘故，所见到的泉池都变成脓血而不能饮食。

（2）内障：由于喉咙如针，口如火炬，头部瘿肿，腹大如鼓，纵得饮食，也不能啖饮。

（3）无障：虽然在饮食方面没有障碍，但是所饮啖的东西，由于业力所感，都燃烧变成火炭，因此也要受饥渴大苦。

众生得饿鬼报的业因有十种：身行轻恶业、口行轻恶业、意行轻恶业、起于多贪、起于恶贪、嫉妒、邪见、爱着资生即便而终、因饥而亡、枯渴而死。

3. 地狱：地狱是欲界中最下劣的一道。地，"底"的意思，万物之中，地在最下，因此名为底；狱，"局"的意思，地狱众生受到拘局不得自在，因此名为地狱。在地狱中，没有义利，因此又名"无有"。

地狱的种类，名号繁多，一般有十八种地狱之分，其中以无间地狱[②]的痛苦最为惨烈。

招感无间地狱的业因是：

（1）犯了五逆重罪。

（2）毁谤三宝，不尊敬经教。

（3）侵损常住，玷污僧尼，或伽蓝内恣行淫欲，或杀害僧伽。

（4）伪作沙门，破用常住，欺诳白衣，违背戒律。

（5）偷窃常住财物。

三恶道中，地狱因为苦楚深巨，备受煎熬，做无余力接受佛法；畜生因为愚痴覆心，因此不能接受佛法感化；饿鬼则因无法饮食，苦于饥渴，也不能接受佛法。甚至天道，互相饵食耽于逸乐，阿修罗道憍慢执着也不懂闻法的可贵，唯有人道苦乐参半，最有机会闻法精进，所以说五趣六道中，以人道最为难得、殊胜。

【注释】

①六凡四圣：指十界。十界分为凡夫与圣者二类，凡夫指地狱、饿鬼、畜生、修罗、人间、天上等六界，称为六凡；圣者指声闻、缘觉、菩萨、佛等四界，称为四圣。

②无间地狱：音译作阿鼻、阿鼻旨。位于南赡部洲（即阎浮提）之地下二万由旬处，深广亦二万由旬，堕此地狱之有情，受苦无间。

【思考】

1. 何谓"三途"？

2. 招感无间地狱的业因有哪些？

3. 应如何远离三途果报？

4. 为什么五趣六道之中，以人道最为难得殊胜？

三世因果

富贵贫穷各有由，夙缘分是莫强求，

未曾下得春时种，空守荒田望有收。

——《因果经》

【提要】

"种什么因，得什么果"，是宇宙万有生灭变化的普遍法则。佛教不是"宿命论"的宗教，主张个人的行为可以决定自己的命运。每个人都有过去、现在、未来三世流转的生命，今生所遭遇的一切顺逆境界，是过去行为造作而形成的果报；今生的一言一行，又决定了自己未来的命运。这种因果业报的思想，是佛教重要的教义之一。

【正文】

欲知前世因，今生受者是；

欲知来世果，今生做者是。

这首偈语是说，一个人今生的祸福、贫富，都是自己前世所造作的行为结果，而今生所作的行为是善是恶，又会决定来生的命运是好是坏，这种因果业报的思想，是佛教极为重要的教义之一。

佛教不仅讲因果，而且特别强调三世因果，所谓"假使百千劫，所做业不亡；因缘会遇时，果报还自受。"说明假使所作的业因不灭，不管时间久暂，遇缘则起现行，由此而构成三世因果的轮回原理。

三世因果并不一定就是前世、今生、来世，它可能是去年、今年、明年，或是昨天、今天、明天，甚至是前一秒、现在一秒、后一秒，总之，三世就是过去、现在、未来。

但是，佛教讲"诸行无常"，世间万法既是无常，必然不是常住不灭的，何以唯独业力又能三世相续，循环不已呢？根据佛经所说，佛陀曾经将"业"比喻为种子、习气：

1. 业力如种：譬如一粒黄豆，经由播种、发芽、成长、开花、结果，而有种子保留下来。经过一段时期后，开花结果的黄豆茎干虽然凋谢枯萎了，但保留下来的种子一旦遇缘，又会萌芽、抽枝、开花、结果。众生业力的感果，也是这种现象。

2. 业力如习：譬如一个装过香水的瓶子，虽然香水用罄，但是瓶子里仍然留有香水味道。透过这种"习气"说，证明业力确实有感果的功能，因此，只要造了业因，一旦因缘成熟，必定会感受果报。

三世因果论不但使生命有未来、有希望、有光明，同时证明佛教不是"宿命论"的宗教。佛教主张个人的行为可以决定自己的命运，一个人是幸或不幸，都是自己的业力所造，善恶因果，都是自作自受。所谓"多行不义必自毙，常做善事福慧增。"所以与其累积财富，不如多行善事，因为"万般带不去，唯有业随身。"多行善事，多造善因，才是个人永远的财富。

【思考】

1. 为什么佛陀将"业"比喻成"种子"和"习气"？

2. 你相信"善有善报，恶有恶报"吗？为什么？

3. 就三世因果论来说，坏人做了坏事，是不是就没有补救的机会？

4. 试举一则三世因果的故事。

三　毒

贪欲嗔恚痴，世间之三毒，

如此三毒恶，永除名佛宝。

——《杂阿含经》

【提要】

三毒，指的是人心的贪、嗔、痴三种根本烦恼，因为它危害人的身心甚剧，能令有情众生长劫受苦而不得出离。又以其能起惑造业，使人的身心感到逼迫热恼，犹如火烧，所以也称为"三火"。那么，应如何对治三毒呢？必须勤修戒、定、慧，才能克制自私的念头。修学戒定慧最好的实践，莫过于奉行"三好"，即身做好事、口说好话、心存好念，以三好去除三毒，就是要我们照顾好身、口、意三业。三业清净了，自然能从三毒中解脱。

【正文】

在我们的心中，有三个不良分子盘踞，时时在毒害着我们自己，那就是三毒烦恼。人生之所以不能自在、不能安乐，就是因为有了贪嗔痴三毒的作乱。

1.贪毒：这是因爱而生起的，染着自我为中心，执着有关自我的一切。例如：充塞在心中的是我的亲人、我的财富、我的名誉、我的所有等。有了贪心，就会顾恋过去，耽着现在，希求未来。为了贪图口腹之欲，所以杀害生灵；为了贪图欲乐，所以追求声色；为了贪图财利，所以为非作歹；为了贪图安逸，所以懈怠消沉。因此，贪毒之为害，非常大。

因为有贪，所以有爱、有染、有欲、有求；此外，执着、悭吝、谄曲、我慢等都跟着而来。

"人到无求品自高"，因为贪毒，我们高尚的人格因而堕落了。

2. 嗔毒：这是因不爱而生起的，不满现前的外境，不满所遇的人事。例如：口蜜腹剑是隐藏的嗔毒，怒目狰狞是外现的嗔毒。有了嗔心，就会破口骂人，举拳打人，恨地怨天，诅咒神明。嗔恨眷属，就会离家出走；嗔恨朋友，就会谋杀加害；嗔恨用物，就会任意毁坏；嗔恨境遇，就会怨怪他人。所以，嗔毒之为害，非常大。

因为有嗔，所以有忿、有恨、有恼、有覆①；此外，还有骄慢、毁谤、嫉妒、毒害等，都会跟着而来。

"嗔火能烧诸善根"，由于嗔毒，我们善良的心性因而损害了。

3. 愚痴：这是因邪见而生起的，对真实的无知，对虚妄的执着。例如对事理错误的认识，对因果颠倒的看法。有了痴毒，就会发出似是而非的言论，就会生起糊糊涂涂的思想。为了愚痴不明，就会不应该说的而说、不应该想的而想、不应该做的而做；就会不知善恶、不知因果、不知业报、不知凡圣。所以愚痴之为害，非常大。

因为有痴，所以有见②、有疑、有邪、有妄；此外，还有不信、昏沉、愚昧等，都会跟着而来。"愚痴无明生众苦"，因为痴毒，我们光明的自性因而迷暗了。

【注释】

①有覆：其性染污，覆障圣道，又能蔽心，使心不净。又作有覆心、有覆无记。

②有见：指执着于有之偏见。即妄执世间万物皆具有恒常不变的实体之见解，如认为吾人固定不变，我体常存；又如主张"人常为人，畜生常为畜生，贫富恒常不变动"等说法。

【思考】

1. 何谓"三毒"？

2. 试分析"三毒"生起的原因。

3. 生活中，你如何对治三毒？试举例说明。

三时业

假使百千劫，所做业不亡；

因缘会遇时，果报还自受。

——《大宝积经》

【提要】

三时业，指的是三种业报，即依受报时间之别，将果报分为三种。善恶的种子，不管在历经多久，因缘聚合，便开花结果。譬若植物有的春种秋收，有的今年播种，明年收成、有的今年播种，三五年后方能收成。业的定律告诉我们，自己的前途操纵在自己的手里，只要散播善美，广结善缘，生命将永远充满希望的曙光。

【正文】

"因果业报"，这是宇宙间的法则、人生苦乐的定律。

支配人生命运的是因果业报，因果业报是自力创造而不是神力的，是机会均等而没有特殊的，是前途光明而希望无穷的，是不论身份而决定有报的。

不过，有人以为因果业报也包括自己，对人忠实无欺而终身贫穷，他人投机取巧而成为富翁；自己孝养双亲而经常生病，他人不孝养双亲反而健康。其实，因果业报不是这么说的，忠实无欺与投机取巧是道德上的因果，富贵与贫穷是经济上的因果，健康与生病是卫生上的因果。你忠实无欺而不善经营，人生自然会贫穷；那些不孝的儿女，注意卫生和营养，身体自然会健康。因果业报不可混同来看："善恶到头终有报，只争来早与来迟。"因为从造业与受报的时间来说，有"三时业"的不同。好像植物，有的是今春播种，今秋就有收成；有的是今年播种，要到明年才有收成；甚至有现在播种，要到多年后的将来才有收成。这三时业就是：

1. 现报业：今生为善，今生遇到幸福；今生为恶，今生遇到灾祸。你助人，人助你；你害人，人害你，好像现买现卖一样，因果业报是非常现实的。无论是谁，既没有折扣，也没有优待。

2. 生报业：今生为善为恶，要等来生才感善恶业报。为善未得好报，不要灰心，因为播下的种子一定会有开花结果的一天；为恶未遭恶报，不要心存侥幸，要知道蔓草的成长是很快的。善恶因果，如影随形，无论是谁也躲避不了。

3. 后报业：世间上什么东西都有失坏的时候，唯有业力，若未受报，不管要隔一生、二生或千百亿生，只要因缘成熟都要受报的。"善有善报，恶有恶报；不愁不报，时辰未到。"这是后报业的最好说明。

业，绝对自由，所谓"自作还是自受，谁也代替不了。"

【思考】

1. 何谓"三时业"？

2. 你对"业力"有何看法？

3. 试举一则"现报业"的例子。

三衣一钵

善哉解脱服，无上福田衣，

我今顶戴受，广度诸群迷。

——《沙弥律仪》

【提要】

三衣一钵，为比丘随身之物。过去的出家人外出寻师访道，必须自备衣单和戒牒才能到寺院挂单，因此《敕修百丈清规》说："将入丛林，先办道具。"道具指的就是衣单僧物，是资生办道之具，包括三衣一钵等头陀十八物。三衣又称"福田衣""百衲衣"，代表出家僧侣的功德、精神；钵，是出家人用以接受他人供养的饮食器具，又称"应量器"。出家人三衣一钵，生活力求简单，淡泊物欲，不在衣着上费心，而以修行、道德、慈悲来庄严自己，因此能开阔无限宽广的精神世界。

【正文】

最初佛教出家人，以三衣一钵为代表，因此出家人不管云游何方，总是三衣一钵不离身。三衣指僧伽梨、郁多罗僧、安陀会，总名袈裟。袈裟是坏色、不正色、染色之意。

三衣各有其用途与含义：

1. 僧伽梨：又称大衣、重衣、杂碎衣、高胜衣、入王宫聚落衣等，为外出及其他庄严仪式时穿着，如入王宫、聚落、乞食及升座说法、降伏外道时所着，以九条乃至二十五条布所缝制而成，又称九条衣。

2. 郁多罗僧：又称七条衣、上衣、中价衣、入众衣等，为礼诵、听讲、布萨时所穿着，用七条布缝制而成。

3. 安陀会：又称五条衣、内衣、中宿衣，为日常生活及就寝时所穿，用五条布制成。

佛教传入中国后，由于习俗与气候的关系，三衣只在法会佛事时穿着，平时则穿长衫。

三衣的制作方法，首先把布割截成一块块缝制而成。此源于一日佛陀见一畦畦的稻田，便对阿难说：过去诸佛衣相如是，后乃依此做衣相。制作三衣时，把割截下来的布片缝成田字形，称为福田衣，表可供善信种福之意。由于经过割截缝制而成，故又称割截衣，具有三种功用：（1）杜防法衣他用；（2）使僧尼舍离对衣服的贪欲；（3）避免他人盗取。

根据《藏义经》说，袈裟有十种利益：一者菩提上首；二者众处人天；三者父母返拜；四者龙子舍身；五者龙披免难；六者国王敬信；七者众生礼拜；八者罗刹恭敬；九者天龙护佑；十者得成佛道。永明延寿禅师《戒序仪文》说，莲花色比丘尼曾披袈裟作戏，以此因缘，得值释迦牟尼佛所，出家证阿罗汉果，由此可见袈裟之尊贵。

钵，是出家人的食器，出家人托钵乞食，堪受人天供养，故代表"福田"。钵又名应量器，有三事相应：色相应——钵要灰黑色，令不起爱染心；体相应——钵体质粗，使人不起贪欲；量相应——应量而食，含有少欲知足之意。

无论是三衣或钵，都代表清净的僧团，象征修道者的人格。顺治皇帝诗云："天下丛林饭似山，钵盂到处任君餐；黄金白玉非为贵，唯有袈裟披肩难。"顺治皇帝赞美钵盂袈裟，也就是赞美出家的僧团。

【思考】

1. 三衣指的是什么？各有何用途及含意？

2. "钵"又名什么？与哪三事相应？

3. 试述一则顺治皇帝的故事。

第二章

三　宝

佛如医王，法如良药，

僧如看护，戒如服药。

——《大智度论》

【提要】

三宝，是佛、法、僧的总称，是佛教的信仰中心，也是超越世间的圣财。佛，指证悟宇宙真理，而又本着无尽的慈心悲愿，以真理教化众生的圆满觉者。法，指佛所宣说的真理教法，一般泛指三藏十二部经，众生依法修行，就能证得真理，得到究竟解脱。僧，有"和合众"的意思，为奉行佛法，和合共住的出家僧团。那么，为什么称为"宝"？世间的财宝，能解决人的生活问题，而佛法僧是出世间的财宝，能成长我们的法身慧命，故名为"宝"。

【正文】

何谓三宝？佛、法、僧，通称为三宝。

佛——是梵语佛陀的简称，是觉悟圣者的意思。自觉、觉他、觉行圆满以后，就是佛陀。普通是指教主释迦牟尼佛。

释迦牟尼佛在菩提树下大彻大悟，证得无上正觉，化度无量众生，有大慈悲、大智慧、大神通，为娑婆教主，人天导师，故称他为佛宝。

法——是梵语达摩的称谓，指三藏十二部的经典。

佛陀在世，行化四十九年，说法三百余会中所开示的一切教法，由其弟子大迦叶、阿难等结集，分经、律、论三藏流通至今，内中皆为阐扬宇宙人生真理，是渡苦海之宝筏，离烦恼得解脱之良方。

僧——是梵语僧伽的略称，具有和合、安乐、清净之义，通称男女出家人为僧众。

僧众荷担如来家业，弘法利生，能接引众生灭除烦恼，了脱生死，因此叫作僧宝。

三宝种类颇多，较为普遍的有：

1. 化相三宝：指释迦牟尼佛为佛宝，四谛①、十二因缘②为法宝，五比丘③为僧宝，所以又名最初三宝。

2. 住持三宝：指佛陀圣像为佛宝，三藏经典为法宝，一切比丘、比丘尼为僧宝，亦可名为常住三宝。

3. 真实三宝：以法身④、应身⑤、报身⑥为三宝，又名自性三宝、一体三宝、理体三宝等多种意义。

三宝具备无上功德，在一切宗教的教主、教理、教徒中是为最圆满、最清净的。三宝是黑暗的光明、苦海的舟航、火宅的甘霖、迷途的救星，所以我们要皈敬三宝。

【注释】

①四谛：指苦、集、灭、道四种真实不虚之真理。

②十二因缘：指构成有情生存之十二条件。即：无明、行、识、

名色、六入、触、受、爱、取、有、生、老死。

③五比丘：又作五群比丘。乃佛陀成道之初，于鹿野苑初转法轮所度化之五位比丘。即：憍陈如、阿说示、跋提、十力迦叶、摩诃男。

④法身：指佛所说之正法、佛所得之无漏法，及佛之自性真如如来藏。

⑤应身：指佛为教化众生，应众生之根基而变化显现之身。

⑥报身：指佛之果报身。

【思考】

1. 试述"三宝"的意义。为何称为"宝"？

2. 三宝的种类有哪些？

3. 为什么学佛一定要皈依三宝？

三　慧

人不能自伏意，反欲伏他人意，

若人能自伏意，他人意悉可伏。

——《三慧经》

【提要】

孔子说："学而不思则罔，思而不学则殆。"佛教讲"三慧"，主要是勉励大家要广泛听闻正法，并能进一步思维经义。佛法重在多闻薰习，菩萨修二十五圆通，耳根圆通是一个重要的修行；听有时比眼看还重要。平时要经常思维、反省、内观，才能生出智慧。修，就是实践。所以，佛教鼓励人要听闻、思维、修行；以闻思修，才能入三摩地。

【正文】

佛教是注重智慧的宗教，有了智慧才有分辨善恶是非的能力，才能断除烦恼，才能证悟成佛；没有智慧的人，福报再大，还是不能究竟解脱，所以学佛除了要培福以外，更要具足智慧。

佛法中的智慧，与一般所讲的智慧不同，一般的智慧，是世智辩聪，有时反而会助人为恶。佛法中的智慧，是般若，是通达诸法真理、指向人生正途的法炬，要得到这种智慧，需要从佛法中精勤修学，由浅至深，循序渐进。依其方式有：由闻法而来的智慧，称作闻慧；由思考而来的智慧，称作思慧；由修行而来的智慧，称为修慧。

1. 闻慧：由三藏十二分教或善知识处闻知，也就是从听经闻法，或阅读佛典，由文义而引入悟境，进而对佛法生起甚深的信解，从而得到无漏①圣慧。这是依听闻所成的智慧，故称"闻慧"。

2. 思慧：以闻慧为基础，进一步加以思维、考辨诸法的甚深法性，以及因缘果报等事相，而有更深的体验、更亲切的了悟。这是由思维所闻所见的道理而生之无漏圣慧，故称"思慧"。

3. 修慧：依据闻、思所成的智慧而对佛法有所悟解，进而与定心相应，观察抉择诸法实相，以及因果缘起等真理，也就是经过止观②双运后所引发的深慧。由于此乃依修习而生的无漏圣慧，故称"修慧"。

佛教讲"多闻薰习"，就是说学佛要经常听经闻法，并要思维经义，尤其要如理实践，如此闻思修三慧具足，方能找回本自具足的佛性，才能见到自己的本来面目。

【注释】

①无漏：漏，为漏泄之意，乃烦恼之异名。贪、嗔等烦恼，日夜由眼、耳等六根门漏泄不止，故称为漏。称离烦恼垢染之清净法为无漏，如涅槃、菩提，与一切能断除三界烦恼之法，均属无漏。

②止观：为佛教重要修行法门之一。止息一切外境与妄念，而贯注于特定之对象，并生起正智慧以观此一对象，称为止观，即指

定、慧二法。

【思考】

1. 何谓"三慧"？请简要说明。

2. 生活中，你如何实践"闻思修"？

3. 请分享读后心得。

三　德

智者在众中，不说自功德，

若人所称赞，愧心无取着。

——《大乘理趣六波罗蜜多经》

【提要】

三德，指佛果位所具足之三种德相，即：智德、断德、恩德。据《佛性论》所举：（1）智德，指其所具之德，乃是从佛之立场观察一切诸法之智慧。（2）断德，指灭尽一切烦恼惑业之德。（3）恩德，由于救度众生之愿力，而予众生以恩惠之德。以上三德配于法、报、应三身，同时智、断二德具有自利、自行、自觉之内涵，而恩德则具有利他、化他、觉他之内涵。

【正文】

赞扬佛陀的深广功德，歌颂法宝的无尽秘藏，那就是佛法的"三德"。

1. 智德：佛陀是大智慧者，所说法宝可以破除一切无知。在时间方面，佛陀可以知道过去、现在、未来；在空间方面，佛陀可以照见此界他方；在众生方面，佛陀可以看清形形色色。佛陀是真理的体现者，亲证般若，如大光明聚。在佛陀之前，没有黑暗、没有愚昧、没有无知，佛陀是大觉的智者。

2. 恩德：佛陀是大慈悲者，所说法宝是为救济一切众生。在五趣①来说，天堂地狱的众生，无一不是佛陀救度的对象；在人间来说，胎卵湿化②的有情，无一不是佛陀慈济的子弟；在三界来说，无色无想的行者，无一不是佛陀化导的目标。佛陀是三界的大导师，广施慈悲，如苦海救星。在佛陀之前，无论是谁，都能得救，都能离苦，都能得乐，佛陀是慈悲的恩人。

3. 断德：佛陀是大解脱者，所说法宝可以断除一切烦恼。对修持上来讲，佛陀已完成各种行门，所作已办；对断障上来讲，佛陀已无余习③，已无烦恼；对证果④上来讲，佛陀已亲证法身，功圆果满。佛陀是宇宙间的解脱人，证知实相理体，如虚空广大无边。在佛陀之前，无论是谁，都能断障，都能离恼，都能脱苦，佛陀是无畏的勇者。

佛陀的智德是般若，佛陀的恩德是慈悲，佛陀的断德是解脱。三德，也和儒家的三达德智仁勇类似，但儒家的智仁勇，怎样也不及佛教三德智、恩、断的深广无边。

三德，智德是属于理智的，恩德是属于情感的，断德是属于意志的。佛陀证悟了理智，净化了情感，升华了意志，佛陀完成了人生最高的德行，所以成为佛陀。

【注释】

①五趣：指地狱、饿鬼、畜生、人、天。又作五道、五恶趣、五有。

②胎卵湿化：指有情出生的方式有胎生、卵生、湿生、化生四种。

③余习：谓虽断除烦恼，然犹存残余之习气。又作残习、余气、习气。

④证果：指证入果位。即以正智契合真理，进入佛、菩萨、声闻、缘觉等之果位。

【思考】

1. 为什么说佛陀是大智慧者？

2. 为什么说佛陀是大慈悲者？

3. 为什么说佛陀是大解脱者？

三资粮

若人种善根，疑则花不开；

信心清净者，花开即见佛。

——《十住毗婆娑论》

【提要】

信愿行是往生净土的三资粮，即：信——信有阿弥陀佛、极乐世界以及念佛决定往生。愿——回向、发愿往生彼国。行——执持名号至一心不乱，积聚善趣福德因缘。《佛说阿弥陀经》中，佛陀亦说念佛法门为世间难信之法。因此，要修持净土法门，当先建立信心，依信心为支柱，而后发愿，由愿生行。

【正文】

一个人如欲远行，必须备妥盘缠粮食，方得成行。学佛也是一样，欲成佛道，必须资粮具足，始能功果圆满。

学佛的资粮是什么呢？依照修持净土法门来讲，必须具备信、愿、行三大资粮，才得以往生西方极乐净土。

1. 信：信是使心产生清净的精神作用，这是指"智信"而言，但不是"迷信"。因为智信才能使心清净、烦恼涤尽，乃至菩提佛果现前；迷信则徒增扰乱，障智生难，令人日趋困惑，不得解脱之道。

信更有"正信""邪信"之分，凡属实事实理，足为世人典范而非虚无传说者为正信，否则便是邪信。因此，正信宗教是有条件的，必须具备教主、教义，尤其教主必须是历史上实有的、道德戒行清净的、所说的教理足以帮助众生解脱生死苦恼者，譬如佛教教主释迦牟尼佛，他是印度迦毗罗卫国王子，道德清净，具有度化众生的不可思议能力，因此值得众生信仰。

宗教以"信"始，也以"信"终，所以进入佛道的初步是"信"。《华严经》讲："信为道源功德母，长养一切诸善根。"又说："佛法大海，唯信能入。"面对浩瀚的佛法大海，只有信心具足的人才能得其门而入。

信心更是一切力量的泉源，因此欲得往生西方极乐净土，首先必须相信有这么一个地方，相信阿弥陀佛的慈悲愿力，以及相信念佛的法门功德殊胜，有了信心，才能确立目标，如此方能往生有分。

2. 愿：愿由信来，信心坚定以后，更要发大菩提心，以"上求佛道，下化众生"的愿心来称念佛号，这样才能与阿弥陀佛的四十八大愿相应。除此，更要回向发愿，将自己所修的一切福德智慧、功德资粮，全部回向往生西方，祈使所有的有情众生都能一起往生极乐净土。

3. 行：信愿行三者，如鼎三足，缺一不可。有了信心，并且发愿以后，更要行持，所谓"有行无愿，其行必孤；有愿无行，其愿必虚"，因此除了一心念佛十六观门①之外，佛陀在《观无量寿经》里，更谆谆教诲欲往生极乐净土者，须修三福："一者，孝养父母，奉事师长，慈心不杀，修十善业；二者，受持三归，具足众戒，不犯威仪；三者，发菩提心，深信因果，读诵大乘，劝进行者。"

其实，不仅求生西方极乐净土须要具备信愿行，修持其他任何法门，一样要对三宝不坏信仰、一样要发"众生无边誓愿度，烦恼无尽誓愿断，法门无量誓愿学，佛道无上誓愿成"的愿心，一样要奉行五戒十善，要实践六度万行，要勤修三学四无量心等，如此方能有成，所以说，信、愿、行是成佛必备的三大资粮。

【注释】

①十六观门：即十六种观法，出自《观无量寿经》。又作十六想观、十六妙观、十六正观等。念佛者由忆念弥陀之身与净土，得以往生西方，总其观行有十六种。即：日想观、水想观、地想观、宝树观、宝池观、宝楼观、华座观、像观、真身观、观音观、势至观、普观、杂想观、上辈观、中辈观、下辈观。

【思考】

1.学佛的三资粮是什么？

2.如何区分"正信"与"邪信"？

3.为什么信愿行如鼎三足，缺一不可？

4.何谓"行佛"？试举例说明。

三摩地

定业不可转，三昧加持力，

无始诸障碍，一切皆消灭。

——《瑜伽焰口》

【提要】

三摩地的意思为"等持"。等，是指离昏沉掉举，将心专止于一境而不散乱。行者将心安住于三摩地，观想凝照，智慧明朗，便能断除一切烦恼而证得真理。《佛遗教经》说："制心一处，无事不办。"唐朝怀让禅师曾问马祖道一："如牛拉车，车子不走，是打牛，还是打车？"车子是身体，牛是我们的心。因此，六祖惠能大师说："道由心悟，岂在坐也。"真正的定境，应该从一切行住坐卧中体现，从一切处实践；当一个人能做到"静中有动，动中有静""动静一如"，那才是真正的定境。

【正文】

佛教是智慧之教，智慧来自听经闻法、思维经义、如理修行，所谓"以闻思修而入三摩地"。

三摩地，或称三昧，译为等持、正定。"等"指离开心之浮沉，而得平等安详；"持"则指将心专止于一境之意，也就是将心止于一境而不散乱的状态，称为心一境性。

定有生得定、修得定两种，生得定是指生于色界、无色界之定地，这是依前世的善业力量所得；修得定是指生于欲界，靠后天努力修行所获得者。

一般修行大都止心一处，不令散乱，而保持安定，此一状态称为三昧。

三昧修行法是天台宗止观法门外另一重要的修行法，称为四种三昧：

1. 常坐三昧：以九十天为一期，专心一意坐禅，口中称念某一尊佛的名号，心意集中一处，而观照真如法性。实践常坐三昧，能够了达迷悟不二、凡圣一如的境界。因仅修常坐一行，故又称一行三昧。

2. 常行三昧：也是以九十天为一期，九十天之中不可以盘坐，更不可以躺卧，只准许站立行走，每天二十四小时不停地绕室行走，不能休息。这种三昧又叫般舟三昧，是根据《般舟三昧经》的修持方法，如果修习这种三昧有成就时，在禅定之中，能够看见十方诸佛清楚地站立在自己面前，因此又叫作佛立三昧。

3. 半行半坐三昧：又称方等三昧、法华三昧，时间长短不论，或者七天，或者二十一日为一期，人数也可以十人或者更多的人共同修持。修行之法包括严净道场、净身、三业供养、请佛、礼佛、六根忏悔、绕旋、诵经、坐禅、证相等次第。

4. 非行非坐三昧：指上述三种以外的一切三昧，不局限身体行仪上之行、住、坐、卧，而含摄一切事物。也就是在一切时中、一切事上，随意用观，不拘期限，念起即觉，意起即修三昧，此为四种三昧中最重要者。

经云："摄心一处，便是功德，散意片刻，即名烦恼。"禅定的本质是为了远离尘欲而趋向内心的探索，而欲望是由于内心受到外物的诱惑而产生。因此，能够静心息虑，则可以息欲离欲。《法句经》说："我若不思汝，而汝则不生。"能够断除贪爱欲念，摒除乱想，则心境安寂，心定自能生慧，故说"依定发慧"。外道的修定偏重贪着定静乃至欣求神通得神通法，佛教则重在智慧的修养，这是佛教与外道不同之处。由此可知，定本身并非目的，依定而得正确的智慧，才是佛教的目的。

【思考】

1. 何谓"三摩地"？

2. 文中提到哪四种三昧？

3. 生活中如何培养定力？

三　学

戒定慧三学，智者应修习，

勤修戒定慧，如救自头燃。

——《本事经》

【提要】

三学，即戒、定、慧，又称"三无漏学"，是佛教的实践纲领，学佛者必修的课目。《翻译名义集》说："防非止恶为戒，息虑静缘为定，破恶证真为慧。"戒可指引我们修学诸善，防止身口意造作诸恶；定可让我们摒除杂念，见性悟道；慧能使我们显发本性，断除烦恼。三学为佛道之至要，一切法门尽摄于此，故当精勤修学。戒、定、慧三学的次第合乎现代教育方法，是福慧双修、行解并重的根本功夫，我们应该勤加修行，以悟入佛之知见，获得圆满幸福的人生。

【正文】

修学佛道必须熄灭贪嗔痴三毒，要灭除贪嗔痴三毒，必定要勤修戒定慧三学。

1. 戒学：通称戒律，戒能防止恶业，生诸善法，是修身治心的轨范。在日常生活中，我们不仅要严持戒律，远离毁犯，也要奉行善法，使身心清净，趣入禅定。

戒律有三种：（1）摄律仪戒，乃受持五戒、十戒、具足戒等一切戒律，而防止一切过恶；（2）摄善法戒，以修一切善法为戒律而自行诸善；（3）摄众生戒，以饶益一切众生为戒律，而广事利生。

2. 定学：通称禅定，定能息缘净虑，摄心觉道，是修学住心的法门。定，不是只有禅坐期间，我们不仅要守护六根，远离妄念，更应该提起正念，统一心志，令身心寂静，智慧自生。

禅定有三种：（1）世间禅：为外道凡夫所修，是以观息为门，可得世间的神道胜果；（2）出世间禅：为二乘人所修，是以观色为门，可得小乘行果；（3）出世间上上禅，为大乘菩萨所修，是以观心①为门，可得大菩提果。

3. 慧学：通称智慧，慧能观达真理，断除迷惑，是究竟圆满的真智慧。在修慧期间我们不仅要修习禅定，扫除愚安，更应该熄灭烦恼，体悟真理，使身心自在，成就佛道。

智慧有三种：（1）世间智慧：是凡夫外道所得的智慧，不能出离世间，免诸惑业，是为有漏的智慧；（2）出世间智慧：是声闻缘觉所得的智慧，普通称为一切智，但不是究竟的智慧；（3）出世间上上智慧：是佛菩萨所具的智慧，俗称一切种智②，为佛的果地的无上智慧。

戒定慧三学，又称三无漏学，为众生修行成佛的因素。所以我们必须次第修行，依戒得定，依定发慧，最后就能依慧成佛了。

【注释】

①观心：谓观照己心以明心之本性。观察之对象有心、佛、众生，其中，自观己心为最容易，且为最要，因心为一切事物之根本，亦为迷妄之根本，故强调应观自心之本性。

②一切种智：又作佛智。即能以一种智慧觉知一切道法、一切众生之因种，并了达诸法之寂灭相及其行类差别之智。

【思考】

1. 戒、定、慧三学之间有何关联？

2. 我们该如何掌握持戒的基本精神？

3. 佛教讲的智慧与世间的聪明才智有何不同？

三轮体空

若欲惠施之时，恒念平等，

勿兴是非之心。

——《增一阿含经》

【提要】

布施与布施波罗蜜是有分别的。一般的布施因为有所对待，所以有往来、有生灭、有轮回；而布施波罗蜜则无心无相，所以能引导我们走向解脱的彼岸。两者的差别在于：前者布施之时，处处希求，事事执着，患得患失；后者则因了达诸法悉皆空寂，与竖穷三际、横遍十方的法身真理冥合，故能随缘利生，任性逍遥。赵州禅师曾说："好事不如无事。"不是叫我们不做好事，而是要我们做了好事之后，好像没事一样，所谓"竹影扫阶尘不动，雁过寒潭水无痕"。

【正文】

布施，简而言之，就是分享东西给别人。布施的东西，可以是有形的财物、法语，也可以是无形的心意，乃至一个鼓励、一声招呼、一抹微笑、一句好话……只要是能够给人帮助的，都是布施。

自佛世以来，佛教就非常重视布施，像四摄、六度等修持德目都是以布施为首。这是因为布施不仅可以培养慈悲、慷慨等美德，有智慧的布施，还可以引导我们去除执着，走向自在解脱之道，而这种有智慧的布施心态就称为"三轮体空"，亦即在布施的时候，能够体达施者、施物、受者是当体空寂的。

过去有位富有的信徒风闻某位禅师道行很高，于是用袋子装了五十两黄金给他，指名要供他建寺之用。禅师什么都没说，收下之后就忙着做其他事情。

看到禅师匆匆而去，一副不在乎的样子，信徒心生不满，赶紧追着禅师说："师父，袋子里面装的是五十两黄金啊！"

禅师边走边说："刚才您已经说过了，我也听到了。"

信徒更加生气，喊着说："我捐的是五十两黄金啊，这是笔很大的数目啊，你怎么连一声谢谢都没说？"

禅师这时正好走到佛像前面，于是回头说道："你捐的钱是给佛祖，为什么要我跟你说谢谢呢！你布施是在做你自己的功德，如果你将功德当成是一种买卖，那我就代替佛祖向你说声谢谢，请你将谢谢带回去，从此你与佛祖银货两讫。"

富人在布施时执着"我是施者"，于是生起了慢心；执着禅师是受者，于是对禅师的一举一动就有了爱憎之心；执着自己布施了多少，就会生起贪心、惜心。布施本来是一种好事，但是却因为自己的执着，模糊了这件好事的意义，即使布施的是三千大千世界七宝，也是有漏的功德。这就好比过去达摩祖师东来中土，梁武帝问他："朕自主政以来，建寺安僧，度众出家，请问有什么功德？"

没想到达摩祖师冷冷地答道："了无功德！"

梁武帝不明所以，心生反感。

因为不契合，达摩祖师很快地离开了京城。后来宝志公禅师得知此事，为梁武帝扼腕不已。

其实，建寺安僧、度众出家怎么会没有功德，达摩祖师和他说的是无相、无住的功德性，无相、无住的功德性无限、无量，但梁武帝的布施执着于有相功德的多少有无，功德反而成了有限、有量。

【思考】

1. 什么是"三轮体空"？试举例说明。

2. 试述布施的种类。

3. 请分享一则"无相布施"的故事。

三　藏

经书禁咒术，工巧诸技艺，

尽现行此事，饶益诸群生。

——《维摩诘经》

【提要】

佛陀住世说法四十九年，当时皆以口传记忆方式传诵，并没有任何文字记录佛陀的教说。佛陀入灭后，弟子们深恐佛陀的言教散逸，同时也为了确立教法的流传，于是由大迦叶领导五百位大阿罗汉，在王舍城七叶窟举行第一次经典结集，由阿难诵出经藏，优婆离诵出律藏。百年之后，再有第二、三、四次的经典结集，使得三藏十二部经教渐次完备而流传于世。

【正文】

佛陀涅槃后，弟子们为了保存佛陀的教法，经过几次的结集整理后，将教法分为经藏、律藏、论藏，称为三藏典籍，是为印度佛教圣典的三种分类。

1.经藏：梵文"素呾缆"，音译"修多罗"，意译"契经"；本义是用线贯穿花鬘的意思，因为佛陀的言说能贯穿一切道理，故引喻之。

经藏涵盖所有上契诸佛之理、下契众生根基的佛陀教法。若依佛陀住世四十九年的教化，所谓"华严最初三七日，阿含十二方等八；二十二年般若谈，法华涅槃共八载"。其中方等是指《华严经》《阿含经》《般若经》《法华经》《涅槃经》以外的大乘诸经，如：《维摩诘经》《胜鬘经》《金光明经》等。

2. 律藏：梵语"毗奈耶"，意译"调伏"，是佛陀为调伏弟子心性，对治生活恶习所制定的教团规则；本义为"灭"，为佛弟子遵守的戒条，可以消灭身口意三业的过恶之意。

律藏分为广律①、戒经、律论三类。如《十诵律》《四分律》《摩诃僧祇律》《五分律》《比丘戒本》《比丘尼戒本》《萨婆多论》等，都属于律藏。

3. 论藏：梵语"阿毗达磨"，意译"对法"，也就是借着论述真理获得的智慧，可以得到涅槃妙法。论藏是佛弟子们将经典教义加以论议、解释、整理组织所成的典籍，一般为大家所熟悉的论典如：《中论》《十二门论》《大智度论》《百论》《瑜伽师地论》《大乘起信论》《十地经论》等。

三藏典籍是佛陀的教法，是佛教的教义，是佛弟子依之修行的指南。出家僧侣深通经藏者，称为"经师"；深通律藏者，称为"律师"；深通论藏者，称为"论师"；通达三藏典籍者，称为"三藏法师"。像玄奘、鸠摩罗什、真谛、义净、法显，甚至朱世行等，皆是通达经律论三藏典籍者，都可称为三藏法师。

佛法僧三宝中，佛因法而证悟成佛，僧因住持正法而为人师，故三宝中以法最为尊贵。《金刚经》云："若是经典所在之处，即为有佛，若尊重弟子。"由此可见法之尊贵。

【注释】

①广律：指内容详备之律仪，即比丘、比丘尼之生活规矩。佛成道十二年后，弟子中犯过者渐多，佛就所应受持之戒律一一广说；此一一记其事缘，详说戒律之律藏，即称为广律，亦称广教。

【思考】

1. 何谓"三藏"？

2. "三藏"如何产生？

3. "三藏"对佛教的重要性为何？

三转法轮

于诸善法中，知时宜修习，

能究竟超越，生老病死苦。

——《本事经》

【提要】

佛陀成道后，三度演说四圣谛妙义，称之为"三转法轮"。第一次为"示相转"，指示"此是苦，逼迫性；此是集，招感性；此是灭，可证性；此是道，可修性"；第二次为"劝修转"，劝示"此是苦，汝应知；此是集，汝应断；此是灭，汝应证；此是道，汝应修"；第三次为"自证转"，证示"此是苦，我已知；此是集，我已断；此是灭，我已证；此是道，我已修"。佛陀三转法轮的用意是要我们能够辨识苦的本质。在辨识后，要亲身体验修行八正道，离苦得乐，证得圆满的安乐。

【正文】

《法华经》云："佛以一大事因缘故，降诞于世。"所谓"一大事因缘"，就是"示教利喜"，也就是说，佛陀为了要把他所证悟的真理告诉众生，让众生"悟入佛之知见"，期能"离苦得乐"，因此示现人间。他成道后，住世四十九年，讲经三百余会，所以"佛教"其实就是佛陀的教育法，而三藏十二部经典就是佛陀对众生所作的身教与言教的记录。

佛陀成道后第一次说法，是在鹿野苑对憍陈如等五比丘宣说"四圣谛"，佛教史上称之为"初转法轮"。

佛陀在这次所说的苦、集、灭、道四谛法，内容就是告诉五比丘，我们所居住的这个世间，就像一间着了火的房子，充满了生死轮回等痛"苦"，因此不可恋栈久住；而造成生死痛苦的原因，是因为有贪嗔痴等烦恼"集"聚而来；不过，所幸每个人的心中都有一份清净的自性，只要这份自性显现出来，就能灭除一切生死烦恼，而获得一个寂"灭"快乐的涅槃境界；而要到达涅槃之境，只有一条"道"路，就是要修行六度万行，要持戒行善，要奉行八正道等。

佛陀第一次这么开示之后，并不放心，因此再一次耳提面命，希望五比丘能够确实知道人生的实相是苦，断除一切造成痛苦的业因，希望他们都能获证寂静无为的快乐，因此要他们勇猛精进修道。

佛陀开示过后，为了激发五比丘求法向道的信心，于是不厌其烦地再以自己的实际体证做一番"现身说法"：人生是苦我早已知道，并且我已断除一切苦因，同时获证解脱之乐，因为我已经完成修道的历程。

佛陀这样再三的对五比丘演说四圣谛的妙义，称之为"三转法轮"：

第一次为"示相转"，将四圣谛的内容定义加以解说，以便五比丘了解，内容为"此是苦，逼迫性；此是集，招感性；此是灭，可证性；此是道，可修性。"

第二次为"劝修转"，劝诱五比丘修持四圣谛的法门，以断除烦恼，获得解脱，内容为"此是苦，汝应知；此是集，汝应断；此是灭，汝应证；此是道，汝应修。"

第三次为"自证转"，告诉五比丘自己已经证得四圣谛，勉励五比丘只要勇猛精进，必能和我一样证得四圣谛，内容为"此是苦，我已知；此是集，我已断；此是灭，我已证；此是道，我已修。"

从佛陀为五比丘三转法轮，可以看出佛陀教化众生的慈悲与智慧，佛陀是最懂得教育之道的伟大教育家，他循循善诱、析理透彻、观机逗教、擅于应病与药，他对任何根基的众生，都能契理契机的说各种法，让众生获得法益，佛陀不舍弃任何一个众生，所谓"药无贵贱，对症者良；法无高下，应机者妙"。不管做任何事，懂得方法才能事半功倍，佛陀为我们留下最好的教育典范。

【思考】

1. 试述佛陀三转法轮的内容及过程。

2. 佛陀为什么要三转法轮？

3. 请分享读后心得。

四小不可轻

王子年虽小，长大能行令；

小火虽未炽，星火可燎原；

神龙虽现小，降雨随时宜；

沙弥虽年幼，度人成法王。

——《增一阿含经》

【提要】

在《杂阿含经》里，佛陀告诉波斯匿王，世间有四种力量不可轻视。万事万物都是平等的共同生命体，独一无二，都应该受到护念和尊重。因此，不管是"四小"，或是心中的一个"小小"念头，我们都不应该轻视，反而要以宏观的心量，去看待世间的万事万物，如此一来，人生道路会更宽广辽阔！因此，当我们面对微不足道的小人物时，更不可心生轻慢。小至世间的一草一木，都要爱护珍惜；点滴的福德，更要懂得惜福结缘。

【正文】

佛陀入灭百年后，阿育王统一印度，成为保护佛教最有力的统治者。有一次，阿育王发心供养出家众，有个小沙弥也来应供，阿育王为了要不要顶礼小沙弥而左右为难。后经小沙弥显现神通度化，从此阿育王对一切出家众，不管老少贤愚，都一律恭敬而不起慢心了。

佛世时，佛陀也经常苦口婆心地劝导弟子，不可轻视后学；甚至有一次还亲自对波斯匿王宣说四小不可轻之理。佛陀说，世间上有四种看似很小的东西，却是不可轻视的：

1. 小小火苗不可轻视：因为"星星之火，足以燎原"，看似小小的火花，却有可能酿成一发不可收拾的惨祸，所以小小火苗不可轻视。

2. 幼小之龙不可轻视：因为小龙会长大成为足以翻江倒海、兴风作浪的大龙，所以不可轻视。

3. 年少王子不可轻视：因为王子长大会成为国王，届时统领天下、造福万民由他，一言丧邦、遗祸百姓也由他，因此不可轻视。

4. 年幼沙弥不可轻视：因为沙弥年纪虽小，只要虔心学道，假以时日，必定会脱胎换骨，成为教化众生的人天师范，这是世间上最不可轻忽的力量。

《法句经》云："勿以善小而不为，勿以恶小而为之；水滴虽微，渐盈大器。"小，正代表着无穷的希望。在我们的生活周遭，有许多"小"而不起眼的人、事、物，未来却能发挥极大的功能，例如：种子虽小，却能长成大树，庇荫人群；一个小小的善念，可能发展出一番福国利民的伟大事业；一个小小的洞隙，也可能使堤防决堤，造成大害；乃至一份小小的布施，能济人燃眉之急；一个小小的微笑，可以给人信心无限；每日一件小小的善行，足以广结善缘，这都说明"小不可轻"的道理。尤其，沙弥虽小，但有成长潜德，因此在家信众对于德高望重的高僧大德固然要敬重，对于初入佛门的小小沙弥也不可以轻视，因此星云大师主张："护老，更要护小。"

【思考】

1. 佛陀曾向波斯匿王宣说哪四小不可轻？

2. 试举例说明"水滴虽微，渐盈大器"的意思。

3. 社会上，有哪些因小而能成就大事的故事？

第三章

四　问

无戒欲求生善道，如鹰无翼欲飞空；

如人无足欲远行，亦如渡海无船筏。

——《华严经》

【提要】

佛陀临入涅槃前，阿难尊者请示佛陀四个问题。第一，佛陀涅槃后，以谁为师？第二，佛陀涅槃后，依什么为安住？第三，佛陀涅槃后，恶人如何调伏？第四，佛陀涅槃后，经典的结集，如何才能叫人起信？佛陀把住持正法的责任交付僧团，提出以"法治"代替"人治"，而遗教以自性三宝为皈依，以戒为师，以法为中心。所谓"自依止、法依止、莫异依止"，要令正法久住，更需要我们肯定自己、认识自己、依靠自己，唯有自己健全了，佛法才得以流传下去。

【正文】

夕阳西下时会投射出绮丽的光辉，佛陀在涅槃①前也发出比平常更稀有的光明。

在佛陀八十岁那年的二月十五日，佛陀的慈颜现出不可思议的光辉，比往常更圆满、更清净、更庄严。

当时，众弟子们为佛陀将入涅槃而悲泣，但为使未来正法久住，不得不公推阿难尊者请示佛陀四个问题。阿难尊者便恭恭敬敬地跪在佛陀枕边请问佛陀：

"佛陀，您住世的时候，我们大家依您为师，但佛陀涅槃以后，我们当依谁为师呢？"

佛陀慈祥地回答：

"我涅槃以后，大家应该依波罗提木叉②（戒）为师。"

阿难又再请示佛陀第二个问题：

"佛陀，您住世的时候，我们依您安住，但佛陀涅槃以后，我们应依什么而安住呢？"

"阿难，我涅槃以后，大家应依四念处安住。所谓四念处就是：观身不净，观受是苦，观心无常，观法无我。"

阿难接着再问佛陀："佛陀，您住世的时候，那些凶恶的人有佛陀调伏，但今后佛陀涅槃了，凶恶的人应该如何对付呢？"

"阿难，调伏凶恶的人，最好的办法便是默摈置之，不要理他就好了。"

阿难非常感激佛陀的慈悲，再提出最后的一个问题：

"佛陀，您在世时，佛陀的言教，大家易生信解，但是佛陀涅槃以后，经典的结集，如何才能使人起信呢？"

"在一切经首，应该安'如是我闻'一句，表示你阿难听到佛陀这么说的。"

伟大崇高的佛陀，就此安静地进入涅槃，可是佛陀的真理法身是永世长存的。

【注释】

①涅槃：原指吹灭或表吹灭之状态；其后转指燃烧烦恼之火灭尽，完成悟智之境地。后世称僧侣之死。又作圆寂、归寂、示寂、入寂等。

②波罗提木叉：指远离诸烦恼惑业而得解脱所受持之戒律。

【思考】

1. 佛陀入灭前，阿难问了哪四个问题？佛陀如何回答？

2. 佛陀教诫弟子"以戒为师"的用意何在？

3. 为什么佛陀说面对恶性众生要默摈之？

四正勤

我持正勤为驷马，慧忍惭愧以为车，

精进骏疾作为乘，我乘以入无为处。

——《佛本行集经》

【提要】

好逸恶劳，是一般人的通病。然而贪图一时的安逸，却可能为自己带来一生的苦果；反之，一时的辛劳，往往会有意想不到的收成。佛法讲"四正勤"，就是勉励我们行善要及时，对好事要更积极去做。好比我们一天的生活中，把肮脏的衣服洗干净，穿在身上很舒服；把有尘垢的地方打扫干净，住起来很清爽，一个人养成勤劳精进的习惯，就是人生最大的财富。

【正文】

有积极的精神，有向上的努力，那就是佛教的"正精进"，正精进有四种，又名"四正勤"。

1. 未生的恶法，使它不生：毁犯净戒的念头固然不可生，毁犯净戒的行为更不可有，一切烦恼障要远离，一切欲染要净化，不生起邪见，执着要去除。

恶法，就是恶念、恶言、恶行，要努力使恶念贪嗔痴不生起，要努力不说恶口、妄言、两舌、绮语，要努力不做杀盗淫行，这就是第一正勤——未生的恶法使它不生。

2. 已生的恶法，使它断除：人非圣贤，孰能无过？凡夫俗子，岂能忘情？情意识的兴风作浪，贪嗔痴的鼓兴作乱，日日造下的罪业，处处犯下的过失，致使已生的恶法，越来越多，如大象陷于淤泥，越陷越深。

这时，唯有用冷静的头脑，用一种除恶务尽的精神，精勤奋勇，手执智慧宝剑，断除所有的恶念、恶言、恶行，这就是第二正勤——已生的恶法令它断除。

3. 未生的善法，令它生起：再好的良田，若不播种，如何能有果实？所以未生的信愿，要令其生起；未发的慈悲，要令其发出。

善法，就是不杀生而仁慈，不偷盗而有义，不邪淫而有礼，不妄言而诚信，不饮酒而有智。布施给人欢喜，济助人的苦难。对世间的福田，播下善良的种子，虽不望收获，自有累累的果实。这就是第三正勤——未生的善法令它生起。

4. 已生的善法，令它增长：信愿的禾苗要让它长大，慈悲的心怀要让它扩展，持戒的信行要让它净化。不望报答，布施给人自然不生悔心；不望赞美，毁谤打击自然有力忍耐；不求无病，病苦磨难自成良药。人若如此，诸善功德自会越长越大，这就是第四正勤——已生的善法令它增长。

"勿以恶小而为之，勿以善小而不为。"恶虽小，滴水可以穿石；善虽小，种粒可成大树。要精勤战胜恶法，善法才可以增长。成佛做祖，正勤之外，别无捷径。

【思考】

1. 试述本文之大意。

2. 我们该如何断除已生起的恶念?

3. 为什么做错事后,忏悔能使我们得清净?

4. 未生的善念,如何令它生起?

四依止

见世之过患，身自依法行，

贤者不乐恶，为恶不乐善。

——《五分律》

【提要】

佛教主张信仰要理智化，佛陀在《大涅槃经》说："诸比丘！当依四依法。何等为四？依法不依人，依义不依语，依智不依识，依了义不依不了义。"四依法是我们了解宇宙人生真相的指南。平日听经闻法，必须依"四依止"的准则领悟经教言说，尤其"依法不依人"，更是佛教徒在观念上首应建立的修持态度。谨守四依止的原则来修学，才能不偏颇、不疑惑。

【正文】

人生如大海，如何从痛苦的此岸到达快乐的彼岸，必须依靠佛法的慈航普度。所谓"欲无痛苦须学佛，各有因缘莫羡人"。每个人学佛的因缘虽然不一样，但是学佛的态度应该是一致的，也就是要依止四法修学，称为"四依止"。

1. 依法不依人：法是指真理；学佛应该以真理为依据，凡事按真理而行事，人不足以为依，因为人的思想、见解互异，人有生老病死、去来迁流，而法（真理）则亘古今而不变，历万劫而常新。因此佛陀明示要依法不依人，就是要我们依据佛陀的教法而求"信解行证"，不要因人的优劣而放弃信仰，或只做某一个寺院、某一个僧众的信徒，而置整个佛法于不顾。

2. 依智不依识：智指无漏的般若智慧；识是指有漏的分别意识。因为我们的认识往往被自己的成见、偏见、执着或社会制约所扭曲，以致起惑造业，轮转五趣，无暂息时；而无漏般若是本性上的大圆镜智，好比一面镜子，可以如实照见世间实相。所以学佛不仅要"依智不依识"，还要进一步"转识成智"，如此才不会被世间幻象所迷惑。

3. 依义不依语：语言文字是使我们获得知识，帮助我们获证真理的方便，是一种假名，是用来诠释道理的工具，而非实相本身。在日常生活中，语言文字可以成为人与人之间沟通的桥梁，但也可能因为断章取义，或因不同的语言、不同的表达方式而造成误解。所以学佛应该从义理上去了解佛法，而不应该在语言上推敲、计较、执着，否则造成文字障，只会与道相去日远。

4. 依了义不依不了义：方便法门是佛陀为适应众生的程度、根基而施设，我们不能把方便法当成究竟，最究竟的是与佛心相应，所以学佛应该依了义佛心，不依不了义之方便。

"四依止"是学佛应知的道理，并且要确实实行。《金刚经》云："知我说法，如筏喻者，法尚应舍，何况非法。"佛陀说种种法，是为了帮助众生找到自己的真如佛性，譬如以指头指引我们见到月亮。所以修学佛法要能"因指见月"，千万不能执着指头，反遮蔽双目而见不到月亮，徒然空费宝贵光阴。

【思考】

1. 何谓"依法不依人"？试举例说明。

2. 何谓"依智不依识"？试举例说明。

3. 何谓"依义不依语"？试举例说明。

4. 何谓"依了义不依不了义"？试举例说明。

四念处

行慈无贪着，观不净无恚，

行舍而不痴，是菩萨遍行。

——《思益梵天所问经》

【提要】

佛陀将入涅槃时，告诉四众弟子说："我涅槃以后，大家应该依四念处安住！"念，是以智慧观照；住，即对身、受、心、法四种境界生起不净、苦等观慧，就能念念止住其中。透过四念处的正观，认识宇宙真相，还要有"同体共生"的体会，时时自我观照，就能安顿身心，自我解脱了。

【正文】

佛陀将入涅槃的时候，四众弟子公推阿难尊者请示佛陀：

"佛陀！当您住世时，我们依您安住；佛陀涅槃后，我们要依什么安住呢？"

佛陀很慈祥地回答："我涅槃以后，大家应该依四念处安住！"

什么叫作四念处？

1. 观身不净：人的身体是四大五蕴假因缘积聚和合而成的臭皮

囊，其内外不净，包括有皮骨血肉、痰泪便利等。睡醒时，满口黏腻，污秽不堪；酒醉后，五内包藏，呕吐秽物；生病时，疮痈腐溃，脓血交流；进厕时，屎尿尽出，臭不可闻。

2. 观受是苦：受有三种，正是说明三苦：

（1）苦受是苦苦：因为身心受到逼迫而感觉忧愁、苦恼、悲伤、烦闷等，本来是苦，所以均谓之苦苦。

（2）乐受是坏苦：如健康、名位、财富等，虽然感到快乐，但因身体会生病，名位会堕落，财富会散失，凡此乐境变坏时而感受到逼迫，称为坏苦，所以说乐受会坏苦。

（3）不苦不乐受是行苦：尽管生活平淡恬静，身心不苦不乐，但见人生世间迁流变化而感到苦恼，称之为行苦。

3. 观心无常：心有缘虑、妄想、散漫、杂染、生灭、分别、颠倒、对待等诸心，如幻如化，刹那生灭，如猿如马，变化无常。《金刚经》云："过去心不可得，现在心不可得，未来心不可得。"

4. 观法无我：我，必须具备主宰、常住、独存、自在四个条件。但我为众缘所成，缘散则灭，故不能主宰，无法常住，无非独存，也不自在。我所有的东西不坏吗？我所知的事情没错吗？我所支配的东西不变吗？其实一切法都是我的妄执。流转在生死中的我，由五蕴所积聚的我，当其缘散时，固然无我，缘聚时，亦是无我。有情如此，万法亦是如此，前者称为人无我，后者称为法无我。

由上面四念处，我们知道，世间上的一切诸法，是不净、苦空、无常、无我。我们学佛的人，应该时时谨记四念处，检束自己的身心，精进修道，求证人生常乐我净的真实涅槃。

【思考】

1. 何谓"四念处"？

2. "受"有哪三种？

3. 生活中，如何运用四念处？

四大皆空

世间无常，国土危脆，

四大苦空，五蕴无我。

——《八大人觉经》

【提要】

地、水、火、风，是构成世间万物的四种元素。宇宙间的森罗万象，无论有情、无情，都是由四大和合而成。四大皆空，并不是指没有地、水、火、风，而是说明一切万物如果缺少其中一个因缘，就无法成就。认识"四大皆空"的真理，目的就是要我们了知物质世界的虚幻不实，从而返观自心，在心灵上开发无尽的财宝，在精神上寻得永恒的幸福！

【正文】

宋朝佛印禅师，有一天正在讲经的时候，大学士苏东坡进来了。当时座位已满，禅师便打着禅锋机语对他说道："此间无学士坐处！"苏东坡因学佛参禅多年，所以听后也用禅语回答道："何不暂借禅师的四大之身为座？"禅师一听，就反问他说："佛法讲四大本空，五阴无我，不知学士以什么为座？"这一问，把满腹经纶的大学士弄得哑口无言。

什么是四大皆空呢？

世间上的森罗万象，无论动物或植物，甚至一切无生物，凡有体相者，大至宇宙、人生，小至一花一草，莫不由四大元素结合而成的。所谓四大就是地水火风四种元素。

1. 地：凡是以坚硬为性的东西，都名为地大。它能支持万物，如人体的毛发齿爪、皮骨筋肉、脑髓等，均属于地大。

2. 水：凡是以潮湿为性的东西，都名为水大。它能收摄万物，如人体的唾涕脓血、津液涎沫、痰泪便利等均属于水大。

3. 火：凡是以温暖为性的东西，都名为火大。它能调热万物，如人体的温度暖气等，均属于火大。

4. 风：凡是以流通为性的东西，都名为风大。它能生长万物，如人体的一呼一吸，都属于风大。

不但人是四大和合而成，花草也一样，它们的生长，一定要有肥沃的土"地"，要有适宜的"水"分，要有温暖如"火"的阳光，要有流通的空气徐"风"，若是缺少一大，就无法发芽生长，更无法开花结果。

众生所以能生存，是因为四大和合的关系，若是四大不调，就会生病，甚至四大分散，那就会死亡。所谓：缘聚则成，缘散则灭，丝毫没有例外。

"四大皆空"，并不是说没有四大地水火风，而是说一切万物都是地水火风四大元素假因缘和合而成，若缺少因缘和合，则不生万物。因为万物是"缘生"的假有，所以说"皆空"。

这四大皆空，也不是说万物离散时才皆空，当花儿正在开放的时候，当人健康的时候，从诸法缘生的内容上去看，那花儿人儿，本来就是空的！

所以空，并不破坏有；因为所谓空，并非是虚无之意。不了解因缘，就不会明白佛法的"四大本空，五阴非有"的真理。

【思考】

1. 试述"四大皆空"的含义。

2. 以人的色身而言，四大各指身体的什么部分？

3. 请举例说明"四大皆空"的真理。

四事供养

施食得大力，施衣得妙色，

施乘得安乐，施灯得明目。

——《杂阿含经》

【提要】

供养是善美人性的发扬，有供养心的人，必是个心地慈悲、宽厚的人。能够随时随地不吝以好话、时间、力量、智慧、心意供养别人，必能广结善缘，到处受人欢迎。所以，人应该养成供养的习惯，身体的礼拜、口头的称赞、意念的观想也是供养，供养是人人都可以修持的法门。

【正文】

从前，佛陀在祇园精舍教化的时候，有一天，毗舍佉信女前来拜见佛陀，并祈求佛陀答应她八个希望，就是：

1.希望佛陀允许她供养比丘们下雨时所穿的雨衣。

2.希望佛陀允许她供养初加入僧团的比丘。

3.希望佛陀允许她供养出外旅行比丘的食物与金钱。

4.希望佛陀允许她供养生病比丘的汤药。

5. 希望佛陀允许她供养生病比丘的适当食物。

6. 希望佛陀允许她供养看护病人的比丘。

7. 希望佛陀允许她常常送稀粥到僧院中去供养比丘。

8. 希望佛陀允许她供养比丘尼的浴衣。

佛陀听了之后，非常欢喜，就答应了她的八个希望。

所谓"供养"，即是供给资养的意思。做一个佛教徒，不但对于父母师长需要供养，更应该对于佛法僧三宝恭敬供养。如供养米、供养地，甚至香花灯果等东西都可供养。但对于正在弘法利生的僧宝，最切要、最实用的供养莫过于上述毗舍佉信女的八种希望。这八种希望，概括的说就是四事供养，即饮食、衣服、卧具、汤药等四种供养。

1. 饮食：就是供养出家人的食物和饮料。人不吃饭便不能生活，一个出家人，如天天为吃饭而奔波，就无法专心荷担如来家业，所以供养僧伽的饮食就落在信众的身上。

2. 衣服：就是供养出家人的用品及法衣。为了庄严与御寒，人必须穿衣服。虽说出家人不穿华丽的衣服，但在现实的社会，如衣着破烂，也会受人轻视的。所谓佛要金装，人要衣装。

3. 卧具：就是供养出家人的卧具棉被等。精进修行一天，晚上必须休息睡觉，假使卧具缺乏，得不到适当的睡眠，哪有精神自觉觉人？所以供养僧伽的卧具就落在信众的身上。

4. 汤药：就是供养生病出家人的汤药。生病是人所难免的，所谓"看病是第一福田"，为了恢复比丘的健康，延续佛灯光明，所以供养僧伽的汤药就落在信众的身上。

所谓"僧如田"，僧团弘扬正法，不仅有助于国家社会的安定，更可以让众生生生世世解脱倒悬之苦，因此，正信的僧团是一块福田。就像投资营运良好的公司可以让你获利丰厚，供养正信的僧团也可以让你福慧增长。做一个在家信徒，不但要效法毗舍佉信女的供养心，更要平等供养，心存恭敬欢喜。

【思考】

1. 什么是四事供养？

2. 日常生活中，如何培养供养心？

3. 请分享一则关于"供养"的故事。

四威仪

若聚若空野，及与处大众，

威仪终不缺，是菩萨遍行。

——《思益梵天所问经》

【提要】

四威仪是指行、住、坐、卧间的言语动作，均应有威德有仪则，从而自然流露出涵养与风范。这是丛林中，要求僧众在行立坐卧中的风姿。因此，日常起居动作以此原则来行止进退，所谓"寓法相于性相之中，寄妙理于俗理之外"，若能在日常行止之间谨慎庄重，不犯他人，自然培养高岩千仞、碧海万顷的气度。

【正文】

人所以成为人，就是人类尚礼节、重威仪。

尤其一个学佛的人，其日常生活，举止行为，更应该谦虚有礼；一举一动，更须合乎威仪。

经上说："三千威仪，八万细行。"我们初学的人，当然无法做得尽善尽美，但至少要把"行如风，立如松，坐如钟，卧如弓"的四威仪，切实做到。

1. 行如风：走路的时候，不可东张西望，不可身体摇摆，应该抬头挺胸，如风似的平视前行。

2. 立如松：站立的时候，不可东歪西斜，不可倚墙靠壁，应该直立身体，如松似的如如不动。

3. 坐如钟：坐着的时候，不可弯腰驼背，不可跷腿摇晃，应该两脚垂地，如钟似的庄严平稳。

4. 卧如弓：睡觉的时候，不可仰卧覆睡，不可蒙头叉腿，应以右手当枕，如弓似的吉祥而卧。

吾人学佛，为的是净化身心，变化气质。身心互为表里，心正固然能影响身正，身正也能促进心正，有时心正促进身正。良好的威仪不仅可以净化自己的身心，也可以作为说法的利器，达到"不言而教"的效果，例如：舍利弗本是外道，因在途中见到马胜比丘威仪端正，而开启学佛的因缘；东晋儒者习凿齿因为目睹道安大师的僧团威仪庠序而倾慕佛教，赞誉有加；因此无论是佛世时的戒律或后世丛林的清规，均对生活中的威仪有所规范；且自佛陀以降，历代的高僧大德除了对僧众弟子之威仪进退，谆谆教诲之外，亦扩及所有弟子。从下面的偈子可略见佛门对威仪的重视：

举佛音声慢流水，诵经行道雁行游；

合掌当胸如捧水，立身顶上似安油。

瞻前顾后轻移步，左右回旋半展眸；

举止动静常如此，皈依三宝复何忧。

【思考】

1. 何谓"四威仪"？

2. 试述威仪的重要性？

3. 试举出五种不威仪的动作，并加以说明如何改善。

四大名山

菩萨心灯，大悲为油，

大愿为炷，大智为光。

——《华严经》

【提要】

佛光山本着四大名山的精神，兴建四大菩萨殿堂，并取其"悲、智、愿、行"法门，作为丛林学院的院训，即勉励学子们效法四大菩萨的精神，常行佛道永不退心。修学佛法者，若能以四大菩萨的行持为榜样，发心立愿，行解并重，便能与诸佛菩萨的愿力感应道交，进而圆成菩提大道！

【正文】

朝山是佛教徒的修行法门之一，朝山又称为朝圣，一般佛教徒以朝礼印度的佛教圣迹为毕生之心愿；象征悲智愿行的四大名山，也是佛教徒欢喜朝拜的目标。

四大名山为普陀山、五台山、九华山、峨眉山，分别是大悲观世音菩萨、大智文殊菩萨、大愿地藏王菩萨、大行普贤菩萨示现教化的道场。

1. 普陀山：位于浙江定海县东海中的舟山群岛，又称补陀山、补陀洛迦山、梅芩山、小白花山，是观世音菩萨示现的道场。

观世音菩萨为何称"观"世音，而不称"闻"世音呢？主要是菩萨能够六根互用。闻只是表面的耳闻，观有深入思索之意，正因为观世音菩萨能够深观自在，因此又称"观自在"。

在中国有"家家观世音，户户弥陀佛"之说，可见观音菩萨的信仰深入民间。佛教于农历二月十九日观音圣诞日、六月十九日观音成道日、九月十九日观音出家纪念日举行观音法会，纵使非佛教徒也都竞相前往寺院参加，祈求平安。

2. 五台山：位于山西五台县东北，以东、西、南、北、中五峰耸立，顶无林木，垒土如台，故名五台山。又以五峦巍然，拔乎群山，夏飘飞雪，并无暑气，故别号清凉山。古来为文殊菩萨示现的道场。

文殊菩萨，又号曼殊师利，意译为妙德、妙吉祥，是诸大菩萨中智慧辩才第一，曾为七佛之师，是般若的象征。在善才童子五十三参中，第一参就是参访文殊菩萨，表示欲进入佛道，应以般若为导，一般尊之为法王子，农历四月四日为其圣诞。

3. 九华山：位于安徽省青阳县西南，原名九子山，山上有九峰，如削刻莲花，故于唐时改名九华山，为地藏菩萨弘化的道场。

地藏菩萨名号的由来，根据《地藏十轮经》说："其安忍不动犹如大地，静虑深密犹如秘藏"故名之。在《地藏菩萨本愿经》中记载，地藏菩萨曾受释迦牟尼佛嘱咐，要在佛陀入灭而弥勒佛尚未降生世间这段时期度世，因而发下"地狱不空，誓不成佛；众生度尽，方证菩提"的誓愿，故尊称为"大愿地藏"。

地藏菩萨其形象为结跏趺坐或立像，右手持锡杖，表爱护众生，也表戒行谨严；左手持如意宝珠，欲使众生满愿之意。坐骑为白犬"善听"，又名地狱耳。农历七月三十日是地藏菩萨圣诞。

4. 峨眉山：位于四川省峨眉县西，因两山相对如峨眉，故名之。山中有石龛一百二十个，大洞十一、小洞二十八，山顶有光相寺，为普贤菩萨示现处。

普贤菩萨，又称遍吉菩萨，主一切诸佛的理德、行德，与文殊菩萨的智慧、证德相对，同为释迦牟尼佛的胁士。曾发十大行愿，故尊称"大行菩萨"。其坐骑为六牙白象，因"普贤之学得于行，行之谨审静重莫若象，故好象"。以白象来象征其愿行广大，功德圆满。农历二月二十一日为普贤菩萨圣诞。

在四大菩萨中，除了地藏菩萨现出家相以外，其余均现在家相，显示大乘菩萨出家在家平等，是故今日佛子应该僧信融和，四众同心，以令正法久住。

【思考】

1. 试述四大名山各具哪些特色。

2. 略述四大菩萨发了哪些愿力，值得我们学习？

3. 请分享朝山的经验或感应故事。

四弘誓愿

人寿百岁，不起善愿，

不如一日，发行四弘。

——《大法句经》

【提要】

在世间上，不论是读书求学，做人处事，要先立定自己的志愿、目标；参禅学道，当然更要发心立愿，如此才有方向可循。如《劝发菩提心文》说："入道要门，发心为首；修行急务，立愿居先。愿立则众生可度，心发则佛道堪成。"为修学菩萨道必须发起的四种广大之愿，也是诸佛菩萨的总愿，分别为：众生无边誓愿度、烦恼无尽誓愿断、法门无量誓愿学、佛道无上誓愿成。

【正文】

我们修大乘菩萨行时，首先须发"四弘誓愿"：

1. 众生无边誓愿度：就是发愿救度一切众生。

娑婆世界，六道众生，有的是卵生，如鸡鸭鸟类；有的是胎生，如牛马人类；有的是湿生，如蚊蚋虫类；有的是化生，如神仙鬼类；这无量无边的众生，都沉沦在苦海中受着生老病死的苦恼，急待有力之人的救度。"但为众生得离苦，不为自己求安乐"，誓愿普济一切众生的行为，是大乘利他的精神。

2. 烦恼无尽誓愿断：就是发愿断除一切烦恼。

众生自无始以来，为无明烦恼困扰，迷失本性，愚痴迷暗，心生的贪嗔痴，身造的杀盗淫，愤怒或悲哀，嫉妒或邪见，起惑造业，因业受苦，在生死轮回中，无有休止。"勤修断惑网，善护于六根"，誓愿断尽这些烦恼的决心，是自觉止恶的智慧。

3. 法门无量誓愿学：就是发愿学习一切法门。

佛陀成道后，说法四十九年，谈经三百余会，大乘小乘，性相空有，在我国弘传的宗派，禅净律密，天台贤首，法相三论，无论哪一法，哪一门，都是为了阐扬宇宙人生的真理，开示悟入佛的知见。"深入经藏，智慧如海"，菩萨为了度化众生，必须先能度己，誓愿广学甚深无量法门，是具备自利利他的能力。

4. 佛道无上誓愿成：就是发愿证得无上佛果。

教主佛陀，三祇修福慧，百劫修相好，终于在菩提树下夜睹明星，成就无上佛道，证得五眼六通，明白过去、现在、未来。吾人学佛，应学佛陀永断生死，证得法身，常住于清净解脱的涅槃之中。"天上天下无如佛，十方世界亦无比"，誓愿成就无上佛道，这就是三觉圆，万德满，自他两利的完成。

人能立志，凡事皆办；行者发愿，佛道可成。愿众人同发四弘誓愿，度众生、断烦恼、学法门、证佛果。

【思考】

1. 略述"四弘誓愿"的内容。

2. 请提供几个断除烦恼的方法。

3. 试述一则"但为众生得离苦，不为自己求安乐"的例子。

四恩总报

日月照诸华，无有恩报想，

如来无所取，不求报亦然。

——《文殊菩萨所问经》

【提要】

人从出生到老年，因为有了世间的种种恩德，才能成就一切。如果我们常怀感恩心看待世间，就能包容一切，善尽己责，是非烦恼自然会消失于无形。以人的生存条件来说，父母生养我们，是亲情的因缘；师长教育我们，是学问的因缘；士农工商供应我们生活物资，是社会的因缘；人类的生存如此，一切事物存在的因缘也是如此；世间万物要靠各种因缘条件才能成就生长，这些因缘正是生存的泉源，也是恩德所在。

【正文】

知恩报恩，是做人的根本，尤其学佛的人，应该效法佛陀"无缘大慈，同体大悲"的精神，要"上报四重恩，下济三途苦"。

所谓四重恩就是：

1. 父母恩：父母生养我们、教育我们，若无父母，便无今日之我；尤其母亲十月怀胎，三年乳哺，推干去湿，含辛茹苦，恩比天高，情同海深。因此《大方便佛报恩经》说：父母为三界中最胜之福恩。为报父母恩，应该引导父母正信佛教，给予精神济度，增长菩提智慧，永断生死轮回，此为出世间最高的孝道。

2. 众生恩：一切众生从无始以来于多生中互为父母；此外，日常生活所需，因为众生的提供而得到种种便利，是故有恩。为报众生累世以来恩惠，最重要的是行菩萨道，以救拔众生脱离六道轮回之苦。

3. 国家恩：父母生养我们的色身，社会大众供给我们日常所需，此外，还要有国家保护我们，才得以安居乐业。如果国家衰亡，则人民将流离失所，无所依靠，是故应感谢国家恩。所以，每个人都应该在自己的岗位上尽忠职守，以报答国家覆护之恩。

4. 三宝恩：三宝是佛宝、法宝、僧宝，佛法僧三宝是人间的光明，具有不思议之恩。佛宝具足十恩：发心普被恩、难行苦行恩、一向为他恩、垂形六道恩、随逐众生恩、大悲深重恩、隐胜障劣恩、隐实施权恩、示灭令慕恩、悲念无尽恩。法宝是世间的真理，能引导众生出离生死海而达彼岸，三世诸佛皆依法修行，断一切障，得成菩提，尽未来际以利益众生，故称法宝不思议之恩。僧宝恒利有情，心无暂舍，故称僧宝不思议之恩。三宝使我们得到究竟解脱，恩德广大，所以我们应该至诚恭敬三宝，并且如实奉行佛法。

经云："知恩者，虽在生死，善根不坏；不知恩者，善根断灭，是故诸佛赞叹知恩报德者。"佛教强调报恩，尤其重视孝道，不仅报答此世父母之恩，并且扩及生生世世父母。因此报恩应该由自己的亲人做起，进而扩及社会国家、十方大众，乃至无量无边的众生，使累劫父母亲眷都能得到济拔，可见佛教提倡的孝道报恩思想最为究竟。

【思考】

1. 简述四恩的内容及意义。

2. 你如何报答父母、众生、国家、三宝恩？

3. 试述一则报恩的故事。

第四章

四圣谛

月可令热，日可令冷，

佛说四谛，不可令异。

——《佛遗教经》

【提要】

　　圣，是正的意思；谛，指真理，包含审查、真实不虚之意。苦、集、灭、道是四种正确无误的道理，是真实不虚的，是圣者所知所见的，故称为"四圣谛"。佛陀初成道时，证悟宇宙缘起的真理，但缘起法则深奥难解，佛陀唯恐骤然宣说，将使尚未起信的众生望而生畏，所以在初转法轮时，以"四圣谛"来说明众生生死流转的道理，进而激发众生厌苦修道的决心。

【正文】

　　四圣谛，是佛法的总纲。什么是四圣谛呢？即圣者觉悟的四种真理：

　　1. 苦谛：这是人生世间所有的特性。

　　2. 集谛：这是世间苦恼迫切的原因。

　　3. 灭谛：这是超越世间解脱的境地。

4. 道谛：这是消除忧悲苦恼的方法。

人在世间，"苦"是特性：身体上有老病死的痛苦，心理上有贪嗔痴的痛苦，自然界有水灾、风灾、火灾的痛苦，人我间有冤家相会、恩爱别离的痛苦，社会上有所求不遂、衣食艰难的痛苦，所以人间的特性是苦果。

人生的苦果，"集"是原因：过去生中的善恶业力，现在生中的烦恼动乱，往昔的无明迷惑，目前的愚昧无知，身造的杀盗邪淫，口造的妄语是非，意造的贪嗔邪见，以致轮转六趣，无有暂息，即便此生如意顺遂，也难逃三苦。所以人生的苦果，集是原因。

圣者的世界，"灭"是境地：灭去苦的根源，断除集的生起；这是解脱生死无常的妙处，这是实证涅槃寂灭的境界；把差别归于平等，把动乱归于寂静；一切爱染不再生起，无量光明普照大千；所以圣者的世界，灭是境地。

解脱的圣境，"道"是学程：不修道怎能达到圣者的境界？不实践怎能完成自己的信仰与志愿。有正确的见解，纯净的思想，善良的语言，正常的经济，严正的行为，奋发的精进，坚贞的信念，不动的定力，作为修道的学程，达到解脱的境界。

为说明四谛，佛陀以循序渐进的方式，分三次宣说，此即所谓的"三转法轮①"，可见佛陀对四谛的重视。

四圣谛是世出世间的真理，阿那律尊者说："日可令冷，月可令热，佛说四谛，不可令异！"

【注释】

①三转法轮：参见第 59 页。

【思考】

1. 什么是"四圣谛"？试简要说明。

2. 佛陀为什么要宣说四圣谛？

3. 四圣谛对我们的人生有什么重要性？它带给你什么启示？

四无量心

不害诸有情，修慈悲喜舍，

证无量梵住，圆满不为难。

——《本事经》

【提要】

四无量心，又作"四等心"，是菩萨为度众生离苦得乐，应具有的四种精神：慈无量心、悲无量心、喜无量心、舍无量心。以现代的话来说，就是以无量的与乐心、拔苦心、欢喜心与平等心来广度一切有情，是修学菩萨道的四个重要法门。

【正文】

佛道长远，如果没有无量的发心，就如车子汽油不够，无法到达目的地，所以学佛要发"四无量心"。

四无量心就是菩萨普度众生所应具备的四种精神：

1. 慈无量心："慈能与乐"，慈无量心是希望众生得到快乐的心。慈与悲合称慈悲，是佛教的根本，一切佛法如果离开慈悲，则为魔法。但是，一般人常误解慈悲，使慈悲由宽恕包容变成了姑息纵容，因此，慈悲必须有智慧。真正的慈悲是一种净化、升华的爱，是无私而充满智慧的服务济助，是不求回报的布施奉献，是成就对方的愿心，集合了爱心、智慧、愿力、布施，就是慈悲。

2.悲无量心："悲能拔苦"，悲无量心是解除众生痛苦的心。如果菩萨看到众生的忧苦，不能激发感同身受的悲心，进而上求下化，拔苦与乐，就无法成就菩提大道，因此悲无量心是菩萨成佛的必要条件。

3.喜无量心：是见到无量众生离苦得乐，内心深感喜悦。比较、嫉妒，甚至见不得人好，是人的通病，培养喜无量心，可以对治吾人不随喜、不欣慰之习性，进而抱持欢喜心行菩萨道。

4.舍无量心：以平等心对待一切众生，舍除怨亲、嗔爱、悲喜、苦乐等念头。例如：放下对待之心，以"三轮体空"的智慧来行布施，自度度人。

《华严经》云："常行柔和忍辱法，安住慈悲喜舍中。"慈悲喜舍是我们安住依止的所在。四无量心的培养，可以从日常生活中建立自他互易的观念做起，常常换个立场替他人着想，将心比心，推己及人，自能长养四无量心。

【思考】

1.试述菩萨度众需具备哪四种精神？

2.你具有"慈悲喜舍"的性格吗？为什么？

3.如何长养四无量心？

四　摄

布施及爱语，利行与同事，

如是四摄事，普摄诸世间。

——《阿毗达磨集异门足论》

【提要】

四摄，即布施、爱语、利行、同事，为行菩萨道必修的功课，是权巧度众的方便法门。一个人发心修学菩萨道，应广行这四种方便法门，才能摄受众生，令入佛智。四摄法不但是菩萨道必修的德目，也是立身处事的准则。若能时时力行布施、爱语、利行、同事这四个法门，就能圆满人际关系，增加人间美好善缘，周遭的人也会受到你的感化，进而共创和谐美好世间。

【正文】

我们行菩萨道时应行四种方便法门，才能利济无量众生，此所谓布施、爱语、利行、同事等四摄法。

1. 布施：对于贫困的人，施与金钱、衣服、饮食、医药，以及房舍、卧具等；对于求知上进的人，教以知识，传授技能，并赠与经书或对其讲经说法；对于心性怯畏的人，应解除其对威胁迫害的恐怖，救助天灾瘟疫造成的急难，给予安慰，做其保护，使其在物质和精神上都能获得安稳自在，因此生起信心，修学正道，奉行佛法。

2.爱语：赞美人的品德，安慰人的苦难，去除人的消沉，劝人向上，让人得到欢喜，给予无限鼓舞。但爱语不是虚伪，不是妄言，爱语是诚挚无欺的话语。随顺其爱好，做观机说教；观察其嗜好，令其增长兴趣。赞叹佛陀的功德，歌颂布施等利益，使富者布施，愚者开悟，进而信仰正法，皆大欢喜。

3.利行：帮助他人解决困难，协助别人事业成功，成人之美，给人方便。当人生病时，赠予医药，当人遇到困难时，资助其经济，起怜悯心，生同情念，介绍职业，助长成就。尤其对于不信正法者、破戒者、悭贪者、恶慧者，各施与方便调伏，令其安立信心，明白以身口意善行救助众生，就是利益自己，使其生欢喜心，而依附正法。

4.同事：以智慧的眼光，观察众生的机缘，随人欢喜，分形示现，你是军人，和你讲军事学；你是商人，和你谈生意经。所谓"应以何身得度者，即现何身而为说法"。同他共处共事，同做事业，成为他的良伴，让他远离恶行，共同来修持善行，同沾法益。

"众生无边誓愿度"，但愿大家能效法菩萨的慈悲，依照这四摄法来助化芸芸众生！

【思考】

1.什么是"四摄"？请举例说明。

2.为什么"四摄"以布施为首？

3.生活中，你如何实践四摄法？

五 欲

三毒五欲境，永断无余习，

如莲花在水，不染浊水泥。

——《过去现在因果经》

【提要】

五欲，指财欲、色欲、饮食欲、名欲、睡眠欲。世间上的人，种种的营求，都是为了追求快乐，五欲能引发短暂的喜乐，使人不由自主地为它迷惑、陶醉，终日做着五欲的奴隶，贪求妄想，使生活过得反而不能自在安乐。所以，自古以来，圣贤都是教诫大家不可以纵欲。佛陀虽然不是完全教诫世人要禁欲，但是，欲需要疏导，需要导之以正，所以要追求"善法欲"。

【正文】

过去有一位旅人，在旷野里为一狂象追逐，躲到古井里攀着一根树藤的时候，井里出现四条毒蛇，一直往上爬要咬他。他正想往上攀时，上面又有两只黑白老鼠，正在啃着那根树藤。旅人被它们上下夹攻，正是进退为难、恐惧万分的时候，忽从井口滴下五滴蜂蜜在他口中。这时，旅人竟忘了狂象的追逐与蛇的逼迫等所有威胁，

106

就陶醉在蜂蜜的甜蜜中。到底那五滴蜜是什么？竟使旅人忘记了生命的危险去尝试呢？那就是"财色名食睡"的五欲。

1. 财：就是金银财帛。生活在现实社会里的人，没有一样东西是不要钱的。吃饭穿衣，乘车坐船，少一毛钱都不行；医病要钱，求学要钱。但是过度的追求，乃至为此而设计害人，即使能够侥幸逃过法律的制裁，无法躲避因果的酬报。但看贪官污吏，强盗土匪，哪个时代没有？哪个地方没有？清算斗争为的是财，分尸灭迹为的是财，"人为财死"，因财而发生的悲剧，多得不胜枚举。

2. 色：就是男女情欲。多情的众生，一旦沉沦在欲海里，无法自拔，就会犯下许多弥天大罪。追求不遂，毁容杀害，是为了情色；失恋被弃，跳水自杀，是为了情色；因有外遇，家庭不和，是为了情色；强奸调戏，告官起诉，是为了情色。佛教戒邪淫，就是在降低两性对情欲的贪爱，进而将情欲升华为慈悲。

3. 名：就是位高名扬。有荣誉心不是不好，但为了名位之争，不惜翻脸成仇；为了权力，不管刀枪相见。嗔恨、嫉妒，为了名位；谄曲卑躬，为了名位；我慢骄横，为了名位；染爱贪执，为了名位。其实"树大遭风，名大遭忌"，"爬得高，跌得重"，实至名归值得庆喜，若是名不称位，其后果不堪设想。

4. 食：就是珍馐美味。人不吃东西不能生存，但为了贪求美味，则会引起肠病胃病，为了喜欢珍馐，因而中毒身死。世界的战争，就是为了面包的问题；人间的不和，往往是为了粮食分配不平均。为了口腹，杀害生命；为了饕餮，倾家荡产。膏粱美味，里面不知隐藏了多少罪恶。

5. 睡：就是懈怠昏沉。人们工作一天，到了晚上必须休息养神，但过分的贪睡，整日昏昏沉沉。为了睡眠，事业荒废；为了睡眠，道业不修；佛陀曾经呵斥阿那律说："咄咄汝好睡，螺蛳蚌壳内，一睡一千年，不闻佛名字。"

众生为了短暂的欲乐迷惑陶醉，终日做五欲的奴隶，而不得出离三界。五欲之于人，如同刀刃有蜜，若用舌舔，就有割破舌头的祸患，少欲知足，才是幸福安乐的正途。

【思考】

1. 何谓五欲？

2. 你对五欲有何看法？

3. 何谓"善法欲"？请举例说明。

五　戒

柔软慈心根，无上大悲茎，

功德叶智华，持戒为妙香。

——《华严经》

【提要】

佛教的戒法虽有在家、出家的分别，但一切戒法都是依据五戒为根本而衍生出来的，所以五戒，是佛教的根本大戒；受持五戒，不仅是入道的正因，也是净化心灵的良药。五戒，也是人道的根本，因为五戒与儒家的五常，即仁、义、理、智、信皆有相通之处：不杀曰仁，不盗曰义，不淫曰礼，不妄曰信，不酒曰智。五戒虽然分别为五，但根本来说，只有一条戒，就是防非止恶，对人不侵犯，也就是不能为了自己的自由而妨碍他人的自由；从不侵犯，进而对其他众生的尊重，才能得到真正的自由。

【正文】

五戒，是做人的根本，是成佛的基础。什么是五戒呢？就是不杀生、不偷盗、不邪淫、不妄语、不饮酒等五项。

1. 不杀生：就是不伤害有情的生命，不侵犯众生的生存。

2.不偷盗：就是不侵占非己的财宝，不盗窃他人的物品。

3.不邪淫：就是不妨碍家庭的和谐，不破坏人伦的道德。

4.不妄语：就是不假造颠倒的语言，不发表损人的谈话。

5.不饮酒：就是不贪嗜刺激的食品，不饮用迷智的烟酒。

说到持戒，初入佛门的人总会畏惧，以为持戒后这样不能做，那样也不能做，未免太拘束。其实戒的意义是防非止恶，不但不是束缚，而且包含有绝对自由的内容。所谓自由是以不妨碍他人、不侵犯他人为原则，而持戒就是规范我们的身心，不侵犯他人。

像监狱里所有的犯人，大都是因为犯了五戒而失去自由。如杀人、伤害、杖打、鸩药等是犯了杀生戒；抢劫、窃盗、恐吓、诈欺、侵占、贪污等是犯了偷盗戒；妨害家庭、妨害风化、妨害婚姻、重婚、强奸等是犯了邪淫戒；诈欺、教唆、诬告、妨害名誉、造谣惑众等是犯了妄语戒；贩卖鸦片、注射吗啡、私造烟酒等是犯了饮酒戒。

佛教的五戒就同于儒家的五常：所谓不杀生而仁慈，不偷盗而重义，不邪淫而有礼，不妄语而诚信，不饮酒而智清。人能奉持五戒，就会灭罪增福，无论做人和修道，都能有所成。

【思考】

1.五戒的内容是什么？请具体说明。

2.五戒与五常的关系为何？

3.为什么说受持五戒能让我们获得真正的自由？

五　逆

若人造重罪，作已深自责，

忏悔更不造，能拔根本业。

——《业报差别经》

【提要】

五逆又作五逆罪。指弑母、弑父、弑阿罗汉、出佛身血、破和合僧等五项重罪，将遭受无间地狱之恶报。一个做错事的人，只要忏悔发愿，愿力的大水就能淡化业障，所谓"浪子回头金不换"，佛教也倡导"回头是岸"，只要我们懂得回头、转身，就有得救的机会。提婆达多三番五次为难佛陀，派人行刺，散布谣言中伤，甚至唆使阿阇世王篡位，囚禁父王致死；临堕地狱前，突然心生悔意，正欲称念南无佛；后来凭借弹指之顷所发的善意，佛授记他于六十劫后，当成辟支佛，号"南无佛"。

【正文】

父慈子孝，兄友弟恭，是中国传统的人伦美德；但是随着时代变迁，孝顺父母已经不再是天经地义的事，今日社会甚至常见一些不肖儿女，因为不服父母管教，或对父母有所要求而未能满愿，便对父母暴力相向，甚而弑父杀母，显见世风日下，人心不古。这种悖礼犯上的举动，以世俗来讲，就叫忤逆不孝；在佛教也有五种忤逆罪，犯了五逆大罪，为天理所不容，死后必将堕入地狱。

五逆大罪分别是杀父、杀母、杀阿罗汉、出佛身血、破和合僧。

父母是众生的恩田，父母生养之恩，山高海深，儿女即使穷毕生之心力侍奉孝养，犹不能报答亲恩于万一，何况加以杀害，是为大逆不道，极重的罪业，死后必堕无间地狱。

阿罗汉是证果的圣者，堪受人天供养，因此又称"应供"；对此贤圣之人，理应加以尊敬、礼遇，今反将其杀害，是乃逆天行事，罪不可赦。

佛是觉行圆满的人，因佛出世，世间才有光明；佛如日月，普照无私。出佛身血，罪业远比杀父、杀母、杀阿罗汉还要深重。

僧伽是住持正法的使者，其所以堪受此重责大任，乃在于和合无争，若因个人的两舌，搬弄是非，致使僧团失和，丧失住持正法的功能，而使法运衰微，进而减少众生得度的因缘，削弱国家社会安定的力量，是为极重罪人。五逆大罪，以此最重。

时下有一些学佛的人，在无意间犯了"破和合僧"之罪，却不自知。例如：经常游走甲、乙两寺，搬弄是非，造成二寺之间的冲突、芥蒂；乃至批评出家人，破坏出家人的形象，甚至专门收留一些溜单的僧侣，自己却扬扬自得，以为是在帮助佛教照顾无处容身的出家人，是护法的善举，殊不知已经严重破坏寺规，使僧团不成僧团，不但无功，而且有过。其道理正如一般世俗人家的小孩离家出走，理应帮忙劝解，送其回家才对，将他收留，反而造成他人家庭失欢，如此于人道尚且不合，何况佛道呢？正信佛教弟子可不慎乎？

【思考】

1. 何谓五逆重罪？

2. 为什么犯破和合僧的过失最重？

3. 对于犯了五逆重罪的人，佛教里有哪些方法给予悔改？

五衰相现

若人受福报，而不了善法，

彼为自欺诳，不久当堕落。

——《父子合集经》

【提要】

《法句经》说："世皆有死，三界无安，诸天虽乐，福尽亦丧。"求生天上，确实能得到殊胜的福报，但是一旦福报享尽，终不免还要受轮回之苦，天道非究竟安乐之处。每个人的福报，就像银行里的存款，如果不懂得节制，生活奢侈，浪费无度，再多的存款也经不起透支。福报，有先天带来的，也有是后天培植的，除了要珍惜自己的福报，更要懂得培植福德。

【正文】

死后升天，这是一般人的期望，但是对于佛教徒而言，升天并不是最终的目标，因为天界虽然是六凡中果报最为殊胜的，但是天人一旦福报享尽，仍不免五衰相现、六道轮回①。

所谓"五衰相现"，是指天人寿命将尽的时候，所呈现的五种异象，通常分大小两者，大五衰相为：

1. 衣服垢秽：天人锦衣妙服，光洁常鲜，但是一旦福报享尽，寿命欲终之时，自生垢秽。

2. 头上华萎：天人宝冠珠翠，彩色鲜明，但是一旦福报享尽，寿命欲终之时，头上冠华自然萎悴。

3. 腋下出汗：天人胜体微妙，轻清洁净，但是一旦福报享尽，寿命欲终之时，两腋自然流汗。

4. 身体臭秽：天人妙身殊异，香洁自然，但是一旦福报享尽，寿命欲终之时，忽生臭秽。

5. 不乐本座：天人最胜最乐，非世所有，但是一旦福报享尽，寿命欲终之时，自然厌居本座。

以上五种大衰相显现时，表示天人即将死亡。此外，另有小五衰相：

1. 乐声不起：诸天音乐不鼓自鸣，但于衰相现时，其声自然不起。

2. 身光忽灭：天人身光赫奕，昼夜昭然，但于衰相现时，其光不现。

3. 浴水着身：天人肌肤香腻，妙若莲华，不染于水，但于衰相现时，浴水沾身，停住不干。

4. 着境不舍：天人欲境殊胜，自然无有耽恋，但于衰相现时，取着不舍。

5. 眼目数瞬：天人天眼无碍，普观大千，但于衰相现时，其目数瞬。

以上五种小衰相显现时，如遇殊胜之善根，仍有转机的可能。

不仅天人有五衰相现之时，根据《长阿含经》记载，一个人如果不能严守净戒而有所毁犯时，也会受到五种衰耗之果：（1）求财所愿不遂；（2）设有所得，日当衰耗；（3）在所至处，众所不敬；（4）丑名恶声，流闻天下；（5）身坏命终，当入地狱。所以学佛应该要持戒，更要惜福、培福。

【注释】

①六道轮回：六道，即地狱、饿鬼、畜生、人、天、阿修罗等，有善恶等级之别。众生由其未尽之业，故于六道中受无穷流转生死轮回之苦。

【思考】

1.何谓五衰相现？

2.当天人五衰相现时，要怎样才能避免堕落恶道？

3.我们应如何培植福德？

五家七派

吾本来兹土，传法救迷情；

一花开五叶，结果自然成。

——《六祖坛经》

【提要】

禅宗自西天二十八祖菩提达摩东渡中国，五传至弘忍，其下分北宗神秀与南宗惠能两派。惠能以后又传衍出临济宗、沩仰宗、曹洞宗、云门宗、法眼宗等五家，史称"一花开五叶"。到了宋朝，又从临济宗产生了黄龙派与杨岐派，合称七宗，从此盛行通称为"五家七宗"的新禅风。

【正文】

五家七派，或称五家七宗，是我国南宗禅各派的总称。五家七宗各立门户，各有家风。所谓家风者，是各宗祖师发扬别传宗旨，接引后学的独特作风，其中缓急宽严，各具特色。

1.临济宗：为黄檗希运的弟子临济义玄所创。临济应机多用喝，五祖法眼禅师曾谓：临济禅风为"五逆闻雷"之喝，指一喝之下，似头脑破裂，如五逆罪人为雷所裂。故临济禅风若铁锤击石，火光闪闪；若五雷相惊，震碎心肝。

2. 沩仰宗：百丈怀海弟子沩山灵祐与仰山慧寂所创。沩仰宗有九十六圆相，家风较为温和，不若临济宗猛烈。《人天眼目》云："沩仰宗者，父慈子孝，上令下从。尔欲吃饭，我便捧羹；尔欲渡江，我便撑船；隔山见烟，便知是火；隔墙见角，便知是牛。"又《法眼禅师宗门十规论》说："沩仰则方圆默契，如谷应韵，似关合符。"可见其家风之温和。

3. 曹洞宗：洞山良价及其弟子曹山本寂所创。《法眼禅师宗门十规论》称"曹洞则敲唱为用"，知其家风一敲一唱，回互绵密，较之峻急之机，颇异其趣。《人天眼目》卷三云："曹洞宗者，家风细密，言行相应，随机利物，就语接人。"故古有"临济将军，曹洞土民"之语。意思是说，临济家风有如指挥百万师旅的将军，而曹洞家风则如经营细碎田地的农夫。

4. 云门宗：开祖文偃禅师，禅风"涵盖截流"，是取截断众流，师徒涵盖之意，故云门禅风有如奔流突止之概。《人天眼目》卷三云："云门宗旨，截断众流，不容拟议，凡圣无路，情解不通。"此云门宗风也。

5. 法眼宗：创始者清凉文益禅师，其禅风为六相及四料简以接后学。《人天眼目》卷五说："法眼宗者，箭锋相拄，句意合机，始则行行如也，终则激发，渐服人心，削除情解，调机顺物，斥滞磨昏。种种机缘不尽详举，观其大概，法眼家风，对病施药，相身裁缝，随其器量，扫除情解。"是为法眼家风。

6. 杨岐派：临济宗的支派，开创者方会禅师在袁州杨岐山举扬一家的宗风，后世便称为杨岐派。方会的根本思想是临济的正宗，他曾说："雾锁长空，风生大野，百草树木作大狮子吼，演说摩诃大般若，三世诸佛在尔诸人脚跟下转大法轮，若也会得，功不浪施。"这与云门的"涵盖乾坤"一切现成的主张颇有声气相通之处，所以兼具临济、云门两家的风格。

7. 黄龙派：临济八世慧南禅师在隆兴黄龙山举扬临济宗风，后世称为黄龙派。他曾开示说："道远哉乎？触事而真！圣远乎哉？体之即神！"一语点出临济宗"触目而真"的见解。但其最初曾依泐潭怀澄学云门禅，故接引后学仍兼有云门之风。

古人对五家家风曾有评语说："曹洞丁宁，临济势胜，云门突急，法眼巧便，沩仰回互。"故知五家家风虽有宽猛缓急之别，不过是祖师接引后学的权宜方便不同罢了。

【思考】

1. 何谓"五家七派"？

2. 略述五家七派的特色。

3. 请分享五家七派中，一位祖师的事迹。

五乘佛法

依人身舟筏，能脱大苦海，

此身甚难得，应使作善业。

——《入菩萨行论》

【提要】

五乘佛法，是佛陀为了教化众生，依众生的根器而权巧施设不同的法门：为耽着世间欲乐，不明白世间尘劳之苦而希求人天福报的众生，说人乘、天乘的佛法，是佛教的共世间法。总括来说，人天乘的佛教重于入世，声闻缘觉乘则重于出世；具有人天乘的入世精神，再有声闻缘觉的出世思想，那就是菩萨道。我们学习佛法，要能以菩萨为目标，自利利他，自度度人，自觉觉他，把五乘佛法调合起来，就是人间佛教。

【正文】

乘，指道、船、车，有运载的意思。佛陀为教化众生，依众生根基之不同，将佛法分为五种法门，依此五种法门，可以运载众生从生死此岸渡至涅槃彼岸。

所谓五乘佛法，是指人乘、天乘、声闻乘、缘觉乘、菩萨乘。

1. 人乘：人以三皈五戒为乘，得以出离三途四趣而生人道。"三皈"，是指归投依靠佛（导师）、法（真理）、僧（亲教师）等三宝，借着三宝功德威力的加持、摄护，能超越无边的生死苦轮，远离一切的怖畏，解脱一切的忧悲苦恼。所以经云："皈依佛，不堕地狱；皈依法，不堕畜生；皈依僧，不堕饿鬼。"五戒是指不杀生、不偷盗、不邪淫、不妄语、不饮酒或吸食毒品。

2. 天乘：以上品十善及四禅八定①为乘，运载众生越过四洲②而达天界。十善是五戒的再延伸，再扩大。指身业修持不杀生、不偷盗、不邪淫；口业修持不妄语、不两舌、不绮语、不恶口；意业修持不贪、不嗔、不邪见等三业，合称十善业道。同时修持禅定学，即色界天的四种禅定和无色界天的四无色定，合称为四禅八定。

3. 声闻乘：以四谛法门为乘，运载众生越于三界，至有余涅槃③而成阿罗汉。四圣谛指苦、集、灭、道，是四种宇宙人生真实不虚的实相。因此，《遗教经》说："佛说苦谛，真实是苦，不可令乐。集真是集，更无异因。苦若灭者，即是因灭，因灭故果灭。灭苦之道，实是真道，更无余道。"

4. 缘觉乘：以十二因缘法门为乘，运载众生越于三界，至无余涅槃而成辟支佛。世间一切法皆为缘起，缘起的定义是："此有故彼有，此生故彼生；此无故彼无，此灭故彼灭。"这是说明一切法的存在，有彼此相依相待的关系，都是从因缘而起的。有情众生生死流转皆不出此缘起法。缘觉就是观十二因缘而觉悟真谛。内容为"无明、行、识、名色、六入、触、受、爱、取、有、生、老死"这就是十二支缘起。

5. 菩萨乘：以悲智六度法门为乘，运载众生，总超三界三乘之境至无上菩提大涅槃彼岸。六度，全称为六波罗蜜多。波罗蜜多译为度，到彼岸的意思。六度为布施、持戒、忍辱、精进、禅定、般若。

人天乘的佛教，重于积集世间福行的增上心，以现世乐后世亦乐为满足，是佛教的共世间法，如儒家，近于人乘；基督教，通于天乘；声闻缘觉乘的佛教，重于出世解脱的出离心，以涅槃解脱乐为最终的目的，如道教的出世无为、清净解脱；菩萨乘的佛教，重于利他济世的菩提心，以悲智究竟乐为修行的极致，而六度万行乃为利他济世的具体实践。

【思考】

1. 简述本文之大意。

2. 试述五乘佛法之间的差异性。

3. 人间佛教如何实践五乘佛法？

五停心观

行慈无贪着，观不净无恚，

行舍而不痴，是菩萨遍行。

——《思益梵天所问经》

【提要】

《法华经》云："不怕烦恼起，只怕觉照迟。"人有八万四千烦恼，故《大藏经》也有八万四千法门对治烦恼，如"五停心观"用"不净观"可以对治"贪欲"，用"慈悲观"可以对治"嗔恨"，用"因缘观"可以对治"愚痴"，用"数息观"可以对治"散乱"，用"念佛观"可以对治"妄想"。世间的医学对于疾病的疗治，大多强调饮食、物理、化学、医药等疗法，佛教的医学则不但含括世间的医理，更重视内心贪嗔痴三毒的根除。所谓心病还须心药医，唯有调和生理与心理的健康，才能真正迈向健康之道。

【正文】

"观机逗教""应病与药"，这是佛陀教化众生的权巧智慧，由于众生根基不同，佛陀便不得不随顺众生而说种种法，譬如对多欲众生说不净观，对多嗔众生说慈悲观，对愚痴众生说因缘观，对多

123

障众生说念佛观，对多散乱众生说数息观，称为"五停心观"。

五停心观是修定的初步法门，又名"五门禅"，其内容是：

1. 不净观对治贪欲：不净观是指观想自他肉体的肮脏、龌龊，以对治贪欲烦恼的观法。众生因为贪爱，在我、我所有上产生执着爱染，而生起种种痛苦，佛陀于是教导众生观想自身有种子不净、住处不净、自体不净、外相不净、究竟不净等污秽，以减少对他身及自身的淫欲贪爱。

2. 慈悲观对治嗔恚：慈悲观是多嗔众生对治嗔恚的观法。有些人常无端发怒，恼害众生，称为违理嗔恚；有些人被人恼害，或自己行善却见别人为恶时生起嗔心，称为顺理嗔恚；有些人以为自己所得的法才是对的，别人所说所行都是错的，因此与人争论，生起嗔心，称为争论嗔恚。佛陀开示以生缘慈来止息违理嗔、以法缘慈来止息顺理嗔、以无缘慈来止息争论嗔。

3. 因缘观对治愚痴：因缘观是观十二缘起以对治愚痴的观法。对于误认诸法是断灭或常住之断常痴，以观三世十二因缘来对治。对于误认诸法是实有或实无之有无痴，以观果报十二因缘对治之。对于计执有四大五蕴和假名众生及世界之世性痴，以观一念十二因缘来对治。

4. 念佛观对治多障：念佛观是念佛的应身、报身、法身，以对治业障的观法。我们过去身口意所造作的恶业，未来都会招感果报，如果在未受报的中间，想要修德行善，恶业往往会障碍善道，即称业障。解决之道，以观应身佛相好光明，对治昏沉蔽塞障；以观报身佛功德巍巍，对治恶念思维障；以观法身佛空寂无为，对治境界逼迫障。

5.数息观对治散乱：数息观是以计算自己的出息、入息，对治散乱的寻伺，而令心念止息于一境。数息观有六种因相，即数、随、止、观、还、净，这六因具足，才算圆满，因此又称为六妙门。

"法无高下，应机者妙；药无贵贱，对症者良。"佛法虽有八万四千法门，但是"方便有多门，归元无二路"，一切佛法都是为了指引我们走向成佛之道，因此只要找到适合自己修持的法门，而能心无旁骛的一门直入，必有所成。

【思考】

1. 为什么贪欲要以不净观对治？

2. 为什么嗔恚要以慈悲观对治？

3. 为什么愚痴要以因缘观对治？

4. 为什么多障要以念佛观对治？

5. 为什么散乱要以数息观对治？

第五章

五　蕴

> 心如工画师，能画诸世间，
>
> 五蕴悉从生，无法而不造。
>
> ——《华严经》

【提要】

《心经》云："照见五蕴皆空，度一切苦厄。"意思是说，苦是由五蕴积聚的"我"而来的。有的苦是因为"我与物"求不得而苦；有的苦是因为"我与境"不相应、不习惯而滋生；有的苦是因为"我与人"不和谐、怨憎会、爱别离而有；有的苦是因为"我与社会""我与自然"的刀兵水火等引起，都会增加"我"的苦。尤其，"我与心"之间，贪嗔邪见、忧悲苦恼，更是苦上加苦。所以，人生的苦，既然是由"我"而来，就必须让"我"空无执着。

【正文】

五蕴又名五阴，是"我"的代名词。什么叫作五蕴？所谓"蕴"者，积聚的意思，五蕴就是聚集五项有为法，即色、受、想、行、识。

1. 色：是变碍的意思。凡是占有空间，有所障碍，可以分析，可以变坏的一切有形的物质，如五根（眼耳鼻舌身）、五境（色声香味触）等，均称为色。

2. 受：是领纳的意思。当我们的心与外境相处时，内心会起一种感受的作用，或苦或乐，或不苦不乐等各种感受。

3. 想：是取像的意思。当心里攀缘外境，构想、联想、回忆往事，或幻想将来，这是心的作用，可以想象出各种现象。想，也可以说是一种概念。

4. 行：是造作的意思。由取像而有造作的行动，经过心的思量、决断，而后付之身体或语言的或善或恶的各种动作。

5. 识：是了别的意思。认识、明了、识别各种境界，如眼能了别认识青黄白黑，耳能了别认识好恶音声，鼻能了别认识香臭之味，舌能了别认识酸甜苦辣，身能了别认识冷暖软硬。

五蕴聚集的我人身心，是假因缘暂时的和合，既无自体，又无主宰，没有自主，不能常住，但众生执迷不悟，认为我与我所①均为真实不虚，因此永远沉沦在苦海中。

《增一阿含经》云："色如聚沫，受如浮泡，想如野马，行如芭蕉，识为幻法。"五蕴积聚的我人身心，不是"我"的本来面目，在聚沫、浮泡、野马、芭蕉、幻法中哪里有我呢？了达诸法无我则能随遇而安、随缘自在。

【注释】

①我所：指为我所有之观念。全称我所有。佛教中，我与我所，被认为系一切世俗分别之基本分别，故为破除之对象。又我所分为相应我所、随转我所、不离我所，若执之，则称为我所见。

【思考】

1. 何谓"五蕴"？为什么五蕴又称为"五阴"？

2. 五蕴中，哪些是代表我人的精神体？

3. 佛陀曾举哪五种譬喻来说明五蕴的虚幻不实？

五浊恶世

恶道深如海，乱心如浊水，

心恶使形贱，意善令身贵。

——《大庄严论经》

【提要】

五浊恶世，即我们生活的娑婆世界，指人类寿命次第减短之时代中所起的五种滓浊，即劫浊、见浊、烦恼浊、众生浊、命浊。五浊之中，以劫浊为总，以其余四浊为别。佛陀将秽土转为净土，所谓"随其心净，则国土净"，足见世间的清净，唯有用善心、美心、真心、慈心去看待，万事万物即能随心所转、所变，而得清净。

【正文】

"爱不重不生娑婆，愿不切不生极乐。"娑婆世界是佛教教主释迦牟尼佛示现、教化的国土，也就是我们所居住的世界。"娑婆"翻译为"堪忍"，意思是说这个世界虽然众苦煎迫，但是人生活在其中，还有能力忍受，因此称为堪忍。

根据《阿弥陀经》，娑婆世界是个五浊恶世，五浊分别是：

1. 劫浊：人寿本来是八万四千岁，随着人心越来越凶恶，道德越来越淡薄，因此每一百年就减少一岁，直减到三十岁时有饥馑之灾，减到二十岁时有疾疫之灾，减到十岁时有刀兵之灾，而世界众生无不受害，是为劫浊。

2. 见浊：正法、像法灭尽后，末法时代的众生，知见不正，邪见增盛，不知修行善道，是为见浊。

3. 烦恼浊：众生追逐五欲六尘，引生贪、嗔、痴、慢、疑等烦恼而恼乱身心，是为烦恼浊。

4. 众生浊：众生因为知见不正，烦恼覆心，因此不知孝顺父母，不懂修善去恶，不畏恶业果报，以致福报渐衰，苦报渐增，是为众生浊。

5. 命浊：众生因恶业增加，故而寿命渐减，从往古八万四千岁，到满百者稀，是为命浊。

娑婆世界因为有此五浊，故称恶世。

有一次，舍利弗不解地问佛陀："为什么诸佛国土都清净无比，唯独佛陀您所教化的国土却是如此污浊肮脏呢？"

释迦牟尼佛即以脚趾一按，霎时日月四洲、金河茂树、繁花秀草，齐现眼前。释迦牟尼佛说："这才是我的世界，你所看到浊秽不堪的国度，那是众生业力所现。"

由此说明，佛陀是为了救度此界众生才示现娑婆世界，众生则因业力牵引而投生娑婆世界，并且各依自己的业力不同，所受的苦乐祸福也有不同，甚至容貌、智慧、寿命、才能也各自有异。因为人的祸福贫富等果报，完全依各人的善恶业而定。

娑婆世界虽然充满了各种苦，但也并非全然没有快乐，只是苦多于乐，因此人活着就必须忍受很多的苦，除了生、老、病、死、爱别离、怨憎会、求不得、五阴炽盛等诸苦以外，还必须忍受饥渴、寒热、讥谤、毁骂、冤枉、委屈、侮辱、挫折，甚至天灾人祸等。

在充满苦难的人生旅途中，如果能够体认活着就必须忍受种种痛苦，而处之泰然，这就是"生忍"；如果进一步用佛法来生活，不但处苦不觉苦、处难不觉难，并且从苦难之中淬炼出承担苦难、化解苦难的力量与智慧，这就是"法忍"；进而认识缘起法，体察一切法本无自性，一切皆空，所以无所谓忍，如此"忍而不忍"，这就是"无生法忍"。能够获得无生法忍这种圆满无上的智慧，当下必能转娑婆为净土。

【思考】

1. 略述五浊恶世的内容。

2. 为什么娑婆世界又称为"堪忍"？

3. 佛陀与众生所见的五浊恶世，有什么差别？

六　度

> 布施持戒及忍辱，精进禅定及智慧，
>
> 如斯六种波罗蜜，行菩提心之学处。
>
> ——《菩提道次第论》

【提要】

六度又称六波罗蜜，即：布施、持戒、忍辱、精进、禅定、智慧。其中布施、持戒、忍辱是"利他"的福德资粮；精进、禅定、智慧三者则是"自利"的智慧资粮。实践六度，便能福慧双修，通达诸法妙谛，是一个人自利利他、自度度人、圆满菩萨道修行的六个方法。

【正文】

有六种法门可以自度，也可以度人，这就是布施、持戒、忍辱、精进、禅定、智慧。

说起六度，大家都以为是菩萨的修行，平常人很难做到；以为六度只对人有益，而无利于自己，所以感觉难以实践。其实，六度对他人有益，对己更有益。

现在，兹将六度做一新解如下：

1. 布施：是给人呢？是给己呢？一般人以为布施是给人的，所以不肯热心布施。其实布施如下种，田里不播种怎么能有收成呢？布施看起来是给人，其实是给自己。

2. 持戒：是束缚呢？是自由呢？一般人以为持戒是束缚的，这样不能，那样不能，所以不肯真心持戒。其实，持戒如守法，不守法怎么有自由呢？监狱里的犯人被束缚，皆因不持戒守法之故。不犯法谁也对你无可奈何，持戒看起来是束缚，实在是自由的。

3. 忍辱：是吃亏呢？是便宜呢？一般人以为对他人忍辱是吃亏的，其实，忍一时风平浪静，退一步海阔天空，一切逆境，皆是增长修养的良方，看起来忍辱是吃亏的，实在是得便宜的。

4. 精进：是辛苦呢？是快乐呢？一般人以为精进勤劳，或工作，或修行，一定是非常辛苦的。其实，今日事，今日毕，勇猛走向修道之路，看起来辛苦，内心实在有无上的法乐。

5. 禅定：是呆板呢？是活泼呢？一般人以为禅定是闭眼、观心，呆呆板板地静坐着。其实，搬材运水无非是禅，行住坐卧无非是禅；风吹树动，流水船行，都是活泼泼的禅味。

6. 智慧：是外求呢？是内求呢？一般人以为智慧是知识丰富，技术超群。其实心外无法，外求的总是幻化非实，内心一悟，无所不知。所以体悟心内的智慧，才是真正的受用。

六度：布施、持戒、忍辱、精进、禅定、智慧，是度人，也是度己。

【思考】

1. 何谓"六度"？

2. 为什么六度是利人又利己的修行法门？

3. 生活中，你如何实践六度？

六神通

人发善心，鬼神助之，

恶虽不觉，终必受殃。

——《佛说孛经抄》

【提要】

六神通又作六通，指六种超人间而自由无碍之力。修行的目的在于身心自在解脱，而修行过程中的感应、神通等只是自然现象，无关于解脱。佛陀以道德人格、慈悲智慧来化导众生，不用神通惑众。佛陀住世时，生活并无异于常人，经典详载佛陀每天着衣、托钵、说法等的平常生活。学佛的人应该重视道德、慈悲，不要贪图神通，应脚踏实地地修行。

【正文】

可测知他人的心；要来就来，要去就去，一切可自由变化；要生就生，要死就死，一切可无碍自在；这就是所谓的"神通"。

人们感到意外，会说神奇；人们无法预知，会说神妙；好的计划叫神策，好的医生叫神医。人们对天神地祇祷告，想到神明；人们要求得神秘灵威，想到持诵神咒。有"神"就可以"通"达，神通，多少人向往，多少人追求。有五种神通、十种神通之说，最常说及的是六神通：

1. 天眼通：这边能见到，那边也能看到；近处能见到，远处也能看到；光明的地方能见到，黑暗的地方也能看到；粗显的能见到，微细的也能看到；表面的能见到，内里也能看到；众生现在的业色能见到，未来的升沉也能看到。所谓天眼通，就是没有不能看见的意思。

2. 天耳通：近处人讲话，听到他的声音，远处人讲话，也能听到他的声音；各地的方言听得懂，各国的语言也听得懂；人类的语言听得懂，鸟兽的语言也听得懂。所谓天耳通，就是没有不能听到的意思。

3. 他心通：能知道你的心，也能知道他的心；能知道过去的心，也能知道未来的心；能知道凡夫的心，也能知道圣人的心；能知道虚妄的心，也能知道真实的心。所谓他心通，就是众生心中所有意念没有不知的意思。

4. 神足通：能够穿山入海，也能够上天入地；能够以一变多，也能够以多变一；能够变现奇大无比，也能够变现小如不见；能够隐显自在，也能够来去自如。所谓神足通，就是任何东西不能障碍的意思。

5. 宿命通：你前生出生在哪里，他能知道，你前生是什么身份，他也能知道；你前生做了什么因，他能知道，你前生造了什么业，他也能知道；你前生的命运他能知道，你未来的去处他能知道；你从哪里来他能知道，你到哪里去他也能知道。所谓宿命通，就是不管你过去和未来他都能知道的意思。

6. 漏尽通：你的烦恼贼降伏了没有？你的烦恼习断除了没有？你的烦恼病医好了没有？你的烦恼障对治了没有？能知自己断有漏的烦恼，也能知自己断无漏的烦恼。所谓漏尽通，就是知道断除烦恼获证解脱的意思。

神通，虽然是超常识的不可思议的境界，但并不是真正学佛的人所应追求的目标。平等心是道，慈悲心是道，人间的佛陀，不鼓舞人学习神通。神通第一的目犍连，他的地位在智慧第一的舍利弗之下；宾头卢尊者为了向白衣显神通，曾被佛陀呵斥，不准涅槃。因为，神通敌不过业力，神通不能净化烦恼。除罪业，净身心，才是常道，也才合于人间的佛教。

【思考】

1. 略述"六神通"。

2. 你相信"神通"吗？为什么？

3. 为什么神通敌不过业力？

4. 现代科技日趋发达，有哪些可比拟为神通？

六成就

应时得友乐，适时满足乐，

命终善业乐，正信成就乐。

——《法句经》

【提要】

佛陀告诉我们："未成佛道，先结人缘。"结缘就是播种，结缘愈多，等于银行的存款也就愈多，银行的存款多了，还怕事业没有成就吗？就如佛陀说法，也必须具足众因缘才能成就。诸经之首都由"如是我闻，一时，佛在舍卫国祇树给孤独园，与大比丘众千二百五十人俱"等话语开始，这说明佛陀在宣讲法音时，也必须先具备"信、闻、时、主、处、众"等六种条件来成就。

【正文】

佛教讲因缘，凡事必须因缘具足、众缘和合方能成事。此缘起法为佛陀所证悟，这是放诸四海皆准的真理，即使佛陀说法也必须具足信成就、闻成就、时成就、主成就、处成就、众成就等条件，才能开演法筵，此称之为六成就。

诸经通序"如是我闻"等语，便具足这六种成就：

1. 如是：为"信成就"。佛法大海，唯信能入，信受如是之法是佛所说而不疑，并依之而奉行，故称信成就。

2. 我闻：为"闻成就"。阿难自闻，阿难亲闻佛之说法，故称闻成就。

3. 一时：为"时成就"。指说法之时间，法王启运嘉会之时，众生有缘而能感者，佛即现身垂应、感应道交，不失其时，故称时成就。

4. 佛：为"主成就"。指说法之主，佛是世间、出世间说法化导之主，故称主成就。

5. 在某处：为"处成就"。指说法之处，佛曾于忉利天为母说法，除此，皆于人间印度的摩揭提国、舍卫国等处说法，故称处成就。

6. 与众若干人俱：为"众成就"。指闻法之众，菩萨、声闻、缘觉、天、人等诸大众云集听法，故称众成就。

以上六缘具足而教法兴，故称之为六成就，如果缺乏其一，即不能有正法流传，故知成就道场说法，非一人所能为，须待信、闻、时、主、处、众等因缘具足，方能开演法坛。因此今之说法者，应当禀着恭谨虔诚之心，宣说法要，令大众菩提增上，蒙受法益；而闻法者也应心怀稀有难得、难遭难遇之想，并且发愿护持正法、成就道场，如此方能使佛光法水，源远流长。

【思考】

1. 请举例说明"六成就"的意义。

2. "六成就"符合佛教的什么道理？

3. 试举一则"六成就"的例子。

六和合僧

六和僧团和乐净，身和共住口无争，

意和同悦戒同修，见和同解利同均。

——《祖庭事苑》

【提要】

在佛门有谓"丛林以无事为兴隆"；人和，才能无事。僧团里，平时依"六和敬"来维系人事的和谐，因此称"六和合僧"。所谓"和合"指"理和"与"事和"。佛陀成道十二年后，僧团逐日扩大，原来清净和乐的生活起了变化，弟子有放逸之行而受讥嫌，或有见解不同而相纷争，为维持僧团的和乐清净，佛陀采"随犯随制"的方式，制定了以"六和敬"为纲领的戒条。

【正文】

"僧依戒住，僧住则法住"。"僧"是梵语"僧伽"的简称，意译为"和合众"，是指奉行佛法，和合共住的僧团。大家所断除的烦恼、所证得的真理，同一无二；在身口意三业上，共同遵守六项要点，和合无争。因此，出家人又称"六和合僧"。"六和"为：

1. 见和同解：在思想上建立共识，对佛法有共同的认识，以佛法为行事的最高标准，不可越离轨道。这是思想的统一。

2. 戒和同修：在法制上人人平等，大家养成奉公守法的习惯，过公平合理的生活。这是法制的平等。

3. 利和同均：在经济上均衡分配，同享应有的福利与照顾，使大家都能安稳、舒适的生活。这是经济的均衡。

4. 意和同悦：在精神上志同道合，不比较人我得失，不计较是非利害，养成心胸的开阔、心意的和谐。这是心意的开展。

5. 口和无争：在言语上和谐无争，不妄语①、两舌②、恶口、绮语③，彼此说话恳挚，语气委婉。这是语言的亲切。

6. 身和同住：在行为上不侵犯人，彼此互相尊重、互相帮助、平等和谐地生活在一起。这是相处的和乐。

僧团是修身养性、陶铸圣贤的大冶洪炉，是住持正法、度化众生的集体力量，僧团的重要由此可知。"六和"不仅是建立僧团的重要基础，也是建立清净和乐的佛化家庭，乃至安和乐利的社会之重要根基。

【注释】

①妄语：指以欺人为目的而作之虚妄语。妄语戒为五戒、十戒之一。又作故妄语、虚妄语、虚诳语、妄舌等。

②两舌：即于两者间搬弄是非、挑拨离间，破坏彼此之和合。又作离间语、两舌语。

③绮语：指一切淫意不正之言辞。又作杂秽语、无义语。

【思考】

1. 出家人共住必须遵守哪六项要点？

2. 佛陀制定"六和敬"的用意为何？

3. 如何将"六和敬"的思想运用在家庭或社会上？

六道轮回

执相凡愚住恶心，彼皆无智归六趣，

轮回逼迫受众苦，都由愚痴住相故。

——《大宝积经》

【提要】

"种瓜得瓜，种豆得豆"，这就是轮回因果的思想。世界有成住坏空的轮转，时间有春夏秋冬的更替，人生有生老病死的阶段，这一切都是轮回。世间上有一些人，不相信因果的道理，他不认为做善事必得善报、做恶事必得恶报，于是为所欲为，放浪形骸、广造恶业。这类的人，我们视其为愚痴之人。愚痴之人因为不相信因果，任意造作，于是种下六道轮回的业因。

【正文】

人出生从何而来？人死后又往何而去？这是人生之谜，能解开这个谜底的，只有大觉的圣者了。

有人以为人死了做鬼，也有人以为人死了就没有了，这都是错误的邪见。因为人死了不一定做鬼，更不是没有，因为人，不论男女，不管贵贱，生也好，死也好，大家都脱离不了轮回。有人时而

146

天堂，有人时而地狱；有人或生人间，有人或堕畜道。总之，不管你是谁，只要没有了脱生死，就都在六道中轮回。所谓六道，是天、人、阿修罗、畜生、饿鬼、地狱。

1. 天道：这是六道中最有福乐的众生，他们的身体非常高大，最矮的九十丈，最高的二十五万六千里；他们的寿命非常长久，最短的为人间九百岁（在天说五百岁），最长的八万大劫（我们这个世界成立了再破坏，破坏了再成立八万次）；他们的欲乐非常享受，有的是欲乐，有的是禅乐，没有烦嚣动乱，没有忧愁苦恼；他们的定力非常殊胜，天人的寿命终时，一定是定力尽了。"生天要有生天福，未必求仙便是仙。"天人在六道中是最殊胜的一道。

2. 人道：人间，有人在享乐，有人在受苦；有人在修善，有人在作恶；人间是苦乐都有的，人间是升沉不定的；但是人间在六道中，又是最好修行的地方。就如佛陀，佛陀出生在人间，成佛在人间，所以人间是最值得歌颂的。

3. 阿修罗道：这是好战的众生，是鬼神的一类，有天人的福而没有天人的德，天上人间，不论哪一道都有。

4. 畜生道：畜生的种类最多，有的在天上飞，有的在地上走，有的在水里住，有的在土里埋。佛法用足的多少来分，如无足的蚯蚓，两足的鸟类，四足的兽类，多足的虫类。畜生的寿命普遍都很短，智慧也短缺，互相残杀，互相吞啖，大鱼吃小鱼，大虫吃小虫，而且如牛马等为人类所蓄养、宰割，由人鞭策、驱使，真是甚可哀怜！

5. 饿鬼道：鬼的种类分三大类：无财的、少财的、多财的。有炬口鬼、针口鬼、臭口鬼、针毛鬼、臭毛鬼、瘿鬼、弃者鬼、失者鬼、大势鬼等。鬼，受着饥渴的苦楚，非常值得令人怜悯。

6. 地狱道：这是六道中最苦的一道，有的在八热地狱中受着烈火的猛烧，有的在八寒地狱中受着寒冰的煎迫，有的在尝孤独地狱的苦味，有的在游历着近边地狱的诸般苦楚。

六道中的众生，人就是我们自己，畜生也是可以看到的，其他，天、阿修罗、地狱、饿鬼，都是我们所没有看到的。阿修罗在天上，饿鬼在地狱，我们要问，天堂和地狱究竟在哪里？

天堂在天上，地狱在地下，这固然可说；天堂地狱就在人间，这也非常合理。你看人的福乐如天的，多得是；市场里的鱼肉荤腥，不就像地狱吗？

不过，真正说来，六道轮回还是在我们的心上！

【思考】

1. 何为"六道轮回"？

2. 你相信"轮回"之说吗？为什么？

3. 为什么说六道轮回在我们的心上？

六　尘

六尘不恶，还同正觉，

智者无为，愚者自缚。

——《信心铭》

【提要】

六尘指眼、耳、鼻、舌、身、意等六根所面对的六种对境，也是六识所认识的六种境界，即色、声、香、味、触、法。这六种境界如同尘埃，会染污我们的情识，所以又称六尘。而此六尘能使人迷妄，使善衰灭，所以又称六衰、六贼等。经云："法非善恶，善恶是法。"所以我们每天生活在五欲六尘之中，应抱持一种不贪不拒的中道态度，时时反观自省。

【正文】

"明珠蒙尘"，是佛教用以形容我们的真如自性被"五欲六尘"所蒙蔽，使佛性不得显现的譬喻。"六尘"指眼、耳、鼻、舌、身、意等六根所相应的六种对境，也是六识所感觉、认识的六种境界。

1. 色尘：眼睛所见，包括青、黄、赤、白、云、烟、尘、雾、影、光、明、闇等显色，和长、短、方、圆、高、下、正、斜等形色。

2.声尘：耳朵所听，包括悦耳的声音，如梵呗、乐音、歌声、掌声等；逆耳的声音，如哭声、诅咒声、骂詈声、吵架声、刺耳的噪音，乃至自然界的风声、雨声、雷声等。

3.香尘：鼻子所嗅，包括旃檀香的好香、葱韭的恶香、适中的香及强烈的香等。

4.味尘：舌头所尝，包括酸、甜、苦、辣、咸、辛、甘、淡等一切饮食的味道。

5.触尘：身体所触，包括坚、湿、软、硬，以及滑、涩、轻、重、冷、暖等触觉。

6.法尘：心意所思、所想，包括宇宙万有的一切事物。

人之所以会有烦恼，就是因为六根经常对外追逐五欲六尘的缘故，五官要吃好的、用好的、听好的、看好的，内心又不希望别人比自己好，于是自私、执着、无明便因此而生起。由于这些境界如同尘埃一样，会污染我们的真如自性，所以称为"六尘"；六尘能引生贪嗔痴等无明烦恼，使人迷妄、使善心衰灭，甚而劫持一切善法，所以又称六妄、六衰、六贼。

六尘虽然会染污我们的心，但是它必须透过六根去执取外境才能生起，所以佛陀曾经告诫弟子要"藏六如龟，防意如城"，也就是要关起六根的门户，就像乌龟把头和手脚都藏在龟壳内，如此则不怕水獭的觊觎。因此修行不是一味的杜绝外缘，而应从不攀缘外境做起，也就是不去追逐权势名位，不贪图生活享受，不过声色犬马的生活，如此六根不执取六尘，外魔自然无由入侵。因此《六祖坛经》说："但净本心，使六识出六门，于六尘中无染无杂，来去自由，通用无滞，即般若三昧自在解脱。"

平常我们生活在五欲尘劳中，若能不随俗浮沉固然难得，如果随俗同流而能不污，则更可贵。所以远离外境，潜居山林修行，并不是上上乘，住于闹市，仍不为外境所转，才是大乘道。古人说："大隐隐于市。"就是这个道理。

【思考】

1. 六尘是指什么？

2. 为什么佛陀告诫我们要关起六根，不能攀着六尘？

3. 如何在尘世中不受六尘迷惑？试举例说明。

七圣财

信财戒财，惭愧亦财，
闻财施财，慧为七财。

——《法句经》

【提要】

每个人的一生，多少都曾有过发财的梦想，只是有几人能如愿？世人皆爱世间财富，但命终时，却什么也带不走。世间真正的财富，是信仰、持戒、惭愧、闻法、精进、喜舍、智慧等，佛教称为"七圣财"。世间的财富是虚假无常的，而且又为水、火、盗贼、苛政、不肖子孙五家所共有，此七圣法财坚固不坏，是真正究竟的财富，也是资助成佛的圣法财。

【正文】

金银财宝，世人皆爱。佛教认为世间的财宝为五家所共有，一旦遇到大水、大火、盗贼、贪官污吏、不肖子孙，钱财转眼成空。"万般带不去，唯有业随身"，世间的财富再多，一旦命终，什么也带不走。因此，能够资助我们成就佛道的出世间圣法，才是值得追求的财富。

《法句经》记载，出世间的法财有七种，称为七圣财，亦即圣者的财富：

1. 信仰：《华严经》："信为道源功德母，长养一切诸善根。"信仰是一切善行的根据，我们能对佛法生起信仰，自然能够依照佛法所指示的去行善，自然能够引导人生的正确目标，获得无上的利益。因此，佛经譬喻信仰如手、如杖、如根、如船、如力、如财。

2. 听闻：学佛要听闻正法才能契入佛道，所谓"以闻思修入三摩地"，因此学佛第一步要"多闻薰习"。而闻法要有"如地植于种，如器受于水，应离三种失"的心态，不能用轻心、慢心，不能有成见、邪见，更不能有妄想杂念，应该用深心、虔诚心、恭敬心、谦卑心、柔软心、清净心、稀有心闻法，才能受用。

3. 精进：凡是正当、有益于人我的事，努力去做，就是精进。经云："在家懒惰，失于俗利；出家懈怠，丧于法宝。"懒惰懈怠是人生的大病，因此应该常行精进以对治。

4. 持戒：戒是一种轨范、规矩，是行为依循的准则，譬如火车的铁轨，能将我们的身心导入道德的正轨，迈向涅槃解脱的大道。戒的根本精神是不侵犯，只要不侵犯而利益别人，就是持戒，这就是佛教止恶行善的根本精神。

5. 惭愧：自惭而不造诸恶，于不善法心生羞愧，是为惭愧。《佛遗教经》说："惭耻之服，无上庄严。"能够惭愧自己有所不知、有所不能、有所不足、有所不净，道德、人格才能升华。

6. 布施：将自己所有分享他人，就叫布施。例如，对贫病无依的人，给他饮食、衣服、医药、金钱等，称为"财施"；将自己的技术、才能、经验传授给人，让别人明理，获得智慧，称为"法施"。此外，不要加诸别人痛苦、害怕，进而帮助他远离一切忧怖，称为"无畏施"。

7. 定慧：摄心不散，照了诸法，是为定慧。定是慧体，慧为定用，两者如金与器、灯与光、水与波，相辅相成，不即不离。学佛的人常生清净心，自然定心而生慧，慧中而有定，有了定慧才能解脱生死，因此，学佛要福慧双修、定慧等持。

信仰佛法本身就是财富！世间的财富有限、有量、有漏，而且终有消失的一天；唯有出世间的圣财，才能永存不灭，因此求财当求七圣财。

【思考】

1. 何谓"七圣财"？请简述之。

2. 除了七圣财外，还有哪些出世间财？

3. 你如何看待世间与出世间的财富？

七众弟子

学佛禁戒，诚信奉行，孝顺畏敬，礼归三宝，

养亲尽忠，内外谨善，心口相应，是佛弟子。

——《阿难问事佛吉凶经》

【提要】

"四姓出家，同为释氏"，不分男女、贫富、贵贱，凡归依三宝，信奉佛陀教法，都名佛子。佛弟子可分为出家和在家两大类。出家众又可分为比丘、比丘尼、沙弥、沙弥尼、式叉摩那五众；在家众依性别可分为优婆塞及优婆夷二众，共称七众弟子。现在佛教，有以出家众为主的僧团，有以在家众为主的教团，僧信之间，如车之两轮，彼此要水乳交融，沟通协调，互助尊重，团结凝聚，共同为众生福祉而努力。

【正文】

做大圣佛陀的弟子，不一定要出家，在家也可以。出家的有五众弟子，在家的有二众弟子，共称七众弟子。做大圣佛陀的弟子，不一定是男人，女子也可以。"四姓出家，同为释氏"，不分男女，不论贫富，不管贵贱，凡是信奉佛陀的教法，都名为佛子。

现在把七众弟子叙明如下：

1. 比丘：这是出家后受二百五十条具足戒的男众。印度话的"比丘"，中国话的意义是"乞士"，上乞诸佛之理以养慧命，下乞众生之食以养色身。剃发染衣、荷担了住持正法的责任，自己能破除烦恼，也能使魔王外道恐怖，这才是人天师范的比丘。

2. 比丘尼：这是出家后受三百四十八条具足戒的女众，剃发染衣，现丈夫相，具有和比丘同样的意义。

3. 沙弥：这是未受具足戒的出家男众的称呼。凡七岁以上或年龄虽大，而未有因缘受具足戒，仍称沙弥。七岁至十三岁名为驱乌沙弥①，十四岁至十九岁名为应法沙弥②，二十岁至七十岁，名为名字沙弥③。沙弥只受十戒。

4. 沙弥尼：这是未受具足戒的出家女众的称呼，和儿童沙弥一样，只受沙弥十戒。

5. 式叉摩那：这是预备出家的女众，属于沙弥尼以上，比丘尼以下的一级，意为学法女，两年之内受六法戒。因为已结婚的妇女来出家，恐已怀孕生子，遭人讥嫌，所以订此阶段。如果两年之内不犯六法戒④，就可受比丘尼戒了。

6. 优婆塞：这是受五戒的在家修行的男众。不受持五戒，只受持一戒也可以。持一戒名为一分优婆塞，持二戒名为少分优婆塞，持三戒或四戒的名为多分优婆塞，持五戒的就名为满分优婆塞了。优婆塞的意思为近事男，即亲近事奉比丘而学道的男子。

7. 优婆夷：这是受五戒在家学佛的女众。意为近事女，即亲近事奉比丘或比丘尼而学道的女子。

在小乘律仪戒中，七众弟子的阶级分得非常严格，但大乘菩萨戒中，七众弟子只论发心，都可名为菩萨，出家菩萨、在家菩萨，其成分意义都是一样。

佛教，属于七众弟子所有的，凡我佛子，上报佛恩，下济众苦，曷兴乎来！

【注释】

①驱乌沙弥：指能驱逐乌鸟、蝇等，不使掠夺比丘饮食之小沙弥。又称逐蝇沙弥。

②应法沙弥：指依一定之仪式受持十戒的沙弥。

③名字沙弥：因此类沙弥之年岁已可作大僧，然其尚未受具足戒，而仍为沙弥。

④六法戒：指式叉摩那受持之戒法。即：染心相触、盗人四钱、断畜生命、小妄语、非时食、饮酒。又作六法、正学律仪。

【思考】

1. 何谓"七众弟子"？

2. 试述"比丘"的含义。

3. "沙弥"可分为哪几类？

4. 僧信之间应如何相处？

第六章

八正道

得深法忍，坚持善法，

度无量众，行八正道。

——《大宝积经》

【提要】

佛陀成道之初，为了让众生从烦恼痛苦中解脱出来，特别开示了八个修行方法，称为八正道。日常生活中对因果义理的认识，就是"正见"；平日所思所想能与佛法相契，就是"正思"；与人交谈说话都是慈言爱语，令人生起信心、欢喜，就是"正语"；所行所作，乃至日常营生都合于道德礼法，不会侵犯、伤害别人，就是"正业""正命"；主动济弱扶倾、乐善好施、行善止恶，就是"正勤""正念"；遇到困难挫折，能够沉着，运用智慧去判断解决，就是"正定"。八正道不仅是出世解脱道的实践法门，也是生活中人人皆应遵守的道德准则。

【正文】

黔娄死后，由于家贫，连覆盖尸体的布都不够长，于是有人建议斜着盖，黔娄的太太说："宁可正而不足，不可斜而有余。"此即说明"正"的重要。

在人生的旅途上，要想成功立业，必须走正路，否则一旦误入歧途，再回头已是百年身；学佛的人要想成佛，必须奉行八正道，否则背道而驰，终难达成目的。

什么是八正道？

1. 正见：一个人的观念，往往可以决定一生的成败；正见就是正确的观念、正确的见解。正见来自对佛法的信仰，学佛首先要正见因缘果报、善恶业力、无常苦空、佛道永恒。能够具备正知正见，才能看清宇宙人生的真相，不会产生错误或偏执的思想与行为。

2. 正思：思考真实的道理，远离贪欲、嗔恚、恼害的念头。佛经上譬喻："人的身体如田地，善念如禾苗，妄念如杂草；杂草不除，不生五谷，妄念不除，不成佛道。"因此，学佛要照顾好自己的念头，要让思维时时和正法相应，让自己具足柔软、慈悲、清净、无恚心，不要把念头系在人我是非、互相比较、计较上。

3. 正语：讲好话是广结善缘的最佳修行；相对的，如果讲话尖酸刻薄，甚至妄语、两舌、恶口、绮语，语言也会成为伤人的利器。因此学佛的人应该讲真实不虚的真实语、令人生起信心的慈悲语、令人欢喜的称赞语、有利于人的利行语。

4. 正业：指正当的行为，即远离杀生、偷盗、邪淫等一切邪妄的行为。此外，有规律的生活习惯，如适当的睡眠、饮食、运动、休息、工作等，也是正业。

5. 正命：指合理的经济生活，也就是从事正当的工作来谋取生活所需。譬如不开设赌场、酒家、屠宰场、钓具店、猎枪店、贩卖人口或毒品等。此外，高尚的道德生活、和谐的社会生活、净化的感情生活，都是正命。

6. 正勤：又称正精进。精是不杂，进是不退，也就是努力为善，努力断恶。《大智度论》中以四正勤为精进的目标：未生善令生起，已生善令增长；未生恶令不生，已生恶令除灭。

7. 正念：即清净而合于正法的意念，也就是佛陀临涅槃时指示弟子依之安住的"四念处"：观身不净、观受是苦、观心无常、观法无我。由四念处了解世间苦空无常的真相，进而求证常乐我净的真实涅槃。

8. 正定：以正确的禅定集中意志和精神，以达到收摄身心、培养完美人格之目的，而不拘于形式上的打坐。凡是能令身心轻安、意志集中、由迷转悟、开显佛性的禅定，是为正定。

八正道包含了信仰和道德的要素，是通往成佛的大道，也是人类生活中应该遵守的准则，所以人人可以奉行八正道，从中实修、体证佛法。

【思考】

1. 何谓"八正道"？

2. 为什么八正道以"正见"为首？

3. 何以说八正道包含了信仰和道德的要素？

八　苦

病后始知身是苦，健时多为别人忙，

心中自有安闲法，八苦交煎总不妨。

——《缁门警训》

【提要】

佛经说"人身是一大苦聚"。生而为人，除了有生老病死、爱别离、怨憎会、求不得、五蕴炽盛等八苦以外，我与境、我与事、我与心，甚至我与人的不协调，都会产生身心的各种苦。其实面对各种不顺己意的境界，要能容他、化他，而不要有怨。因为愈是怨恨，只有苦上加苦，所以忍难忍之苦，要有容无怨。

【正文】

人之大患，在吾有身，因为有了身体，才会起惑造业，使身心饱受苦恼的逼迫，因此佛教讲，人生的实相就是苦。

根据经典的说法，苦有二苦、三苦、八苦、一百零八苦，乃至无量无数的苦。若从内容来分，苦有八种：

1. 生苦：胎儿在母腹时，处溷秽中，头下脚上，如坐牢狱；出胎时，母子交危；既出之后，风触嫩皮，如刀割体，苦不堪言。凡此出生世间所带来的痛苦，称为生苦。

2. 老苦：从少至壮，从壮至衰，气力羸弱，动止不宁；乃至盛去衰来，精神耗减，其命日促，渐至朽坏，是为老苦。

3. 病苦：当四大不调①，染患疾病时，饮食难消，缠绵病榻，喘息呻吟，是名病苦。

4. 死苦：当命终时，神识离体，有如龟之脱壳，痛苦不堪，是名死苦。

5. 爱别离苦：自己所亲爱的人乖违离散，不得共处，是为爱别离苦。

6. 怨憎会苦：自己所憎恶仇视的人，本求远离，反而聚集，是为怨憎会苦。

7. 求不得苦：对世间一切事物，心所爱乐者，苦苦追求而得不到，是为求不得苦。

8. 五阴炽盛苦：有情众生之所以会产生痛苦，就是因为有身心起惑造业。身心是由色、受、想、行、识五阴假合而成；五阴造业，逼恼身心，生生不息，如火炽然，真是苦上加苦，是名五阴炽盛苦。此苦是前面七苦的总体。

苦是一个娑婆世间的事实，但是佛教讲苦并非目的，而是要我们认清苦的来源，进而找出离苦得乐的方法，所以欲除痛苦，唯有信仰佛教。在佛教里，佛法僧三宝，佛如良医，善疗众生病；法如良药，能除众生苦；僧如看护，常解众生恼。在佛法大海里，众生可以得到安慰、得到信心、得到智慧、得到欢喜、得到自在，所以佛法是人类的光明，是世间的救星。

【注释】

①四大不调：生病之意。人体由四大（地大、水大、火大、风大）所成，若有不调，必令身体感到不适。

【思考】

1. 试述八苦的内容。

2. 认识"苦"对我们的人生有何帮助？

3. 简述"求不得""怨憎会"二苦从何而生？

4. 生活中，如何不被苦束缚？

八相成道

星星月为上，光明日为光，
人中王为贵，众流海为首，
世间佛为大，万法涅槃乐，
沙门僧为尊，诸行戒为净。

——《增一阿含经》

【提要】

经云："诸佛世尊，欲令众生开示悟入佛之知见，出现于世。"久远劫来，佛陀往返于娑婆世界，是亘古的大愿与无量的悲心；我们认识八相成道，不只是认识佛陀的一生，更是要一步一脚印，朝成佛之路迈进，永不退转。佛陀出生、修行、成道、度化众生均在人间，故当确信"众生皆具如来德相"，佛法不只是给人精神寄托，心灵的慰藉，更重要的是以成佛为目标，见贤思齐，依法实践，以完成佛的福智圆满。

【正文】

"佛以一大事因缘故，降诞于世"。佛陀住世八十年，足以说明佛陀一生经过的，就是"八相成道"。

1. 降兜率^①：佛陀由燃灯佛^②授记为娑婆世界的补处菩萨，先住于兜率天的内院之中，经过四千岁，观察娑婆世界教化的机缘。

2. 入胎：在兜率内院住满四千岁后，乘白象由天而降，由圣母摩耶夫人右胁而入胎。

3. 诞生：春暖花开、艳阳高照的四月八日，佛陀在蓝毗尼园中降诞。降诞后，行走七步，一手指天，一手指地，说："天上天下，唯我独尊。"

4. 出家：十九岁的时候，因感世间无常，弱肉强食，人间到处充满不平等的现象，于是毅然决然骑马逾城出家。

5. 降魔：在修道的时候，内心有贪嗔烦恼的魔，外境有声色货利的魔。征服魔军的障碍，不为魔女所诱惑，这需要大雄、大智、大无畏的降魔精神。

6. 成道：降魔以后，终于在十二月八日，于菩提树下金刚座上，夜睹明星，而成正觉。

7. 转法轮：佛陀成道后，说法四十九年，谈经三百余会，把真理弘遍人间，使法轮常转于世。

8. 涅槃：佛陀八十岁那年的二月十五日，教化因缘已满，遂于拘尸那城跋提河边娑罗双树间进入涅槃。

"八相成道"说明佛陀一生的化迹，其中以降魔为枢纽，因为不降魔则无以成佛道，而不成道，就没有所谓的说法、度众。因为降魔成功，乃有三宝的成就，人间才有了光明。所谓的魔，最主要的就是自己的心魔，如果我们能修心降魔，自性三宝的光明自然能显现出来。

【注释】

①兜率：指兜率天，意译知足天、喜乐天，乃欲界六天之第四天，位于夜摩天与乐变化天之间。此天有内外两院，兜率内院乃即将成佛者（即补处菩萨）之居处，今则为弥勒菩萨之净土；外院属欲界天，为天众之所居，享受欲乐。

②燃灯佛：又叫定光佛、普光如来、灯光如来，为释迦牟尼佛之前的佛。因其出生时身边一切光明如灯，故称为燃灯佛。

【思考】

1. 何谓"八相成道"？

2. 佛陀示"降魔"，有何含义？

3. 请分享读后感言。

八　风

于诸利养不贪着，不得利养勿生忧，

闻他赞毁心莫异，犹如须弥山不动。

——《月灯三昧经》

【提要】

八风又名八法，即称、讥、毁、誉、利、衰、苦、乐。此八法常为世人所爱憎，而且又能煽动人心，所以称为"风"。我们应做自心的主人，观照缘起性空的真谛，放下世间一切毁誉、成败、苦乐、幸与不幸，不再为虚妄的外境所迷惑，才可能臻至"八风吹不动"的境界。

【正文】

宋朝苏东坡居士做了一首诗偈，叫书童乘船从江北瓜州送到江南，呈给金山寺的佛印禅师指正，偈云："稽首天中天，毫光照大千，八风吹不动，端坐紫金莲。"禅师看后，即批"放屁"二字，嘱书童携回。东坡一见大怒，立即过江责问佛印禅师，禅师对他说："从诗偈中看，你修养很高，既已八风吹不动，怎又一屁打过江？"东坡一听，默然无语，自叹修养不及禅师。

八风，是哪八风呢？

1. 称：各种称赞，各种说好，人前人后为你宣扬，随时随地肯对你拥护，给你赞美，给你欢喜。

2. 讥：冷嘲热讽，厌恶讥嫌，专说无中生有的行为，随便议论你的长短，给你生气，给你烦恼。

3. 毁：流言蜚语，毁谤中伤，使你信用蒙受损失，把你的为人说得一文不值，给你打击，给你阻难。

4. 誉：说你功德，扬你贡献，赞你是菩萨再来，称你是圣贤再世，给你捧场，给你得意。

5. 利：金钱物质，各项利益，有的当供养送来，有的作礼品赠到，给你受利，给你利益。

6. 衰：减损所有，破坏所得，将成的事业忽然垮台，已有的资用忽然失去，给你贫困，给你衰微。

7. 苦：身遭侵害，心遭恼乱，恶的因缘困扰生活，恶的境界折磨身心，给你艰难，给你逼迫。

8. 乐：随心所欲，顺适安乐，物资上的享受，感情上的满足，给你欢欣，给你快乐。

以上所说称、讥、毁、誉、利、衰、苦、乐，就好像是八种境界风，能够吹动人的身心，当我们逢到顺境的时候，就欢喜快乐，当我们遇到逆境的时候，就苦恼惆怅，都因禁受不住这八种境界风啊！

人若是为"称誉"陶醉，人的品格修养就在称誉里损伤；人若是为"讥毁"动心，人的成就就会败在讥毁的手中；人若是为"利乐"所迷，人的尊严就会为利乐葬送；人若是为"衰苦"所折，人就会为衰苦打倒。八风，这可怕的境界，若能如如不动，不为这八种境界风所震撼，那才算是一个顶天立地自由自主的人。

【思考】

1. "八风"指的是哪八种境界？

2. 为什么"顺境"也是一种考验？

3. 你如何面对人生旅途的"八风"？

八种福田

从诸星宿中，月光为其最；

一切光明中，日照为其最。

于诸福田中，看病为其最；

若欲求大果，施诸悲与敬。

——《过去现在因果经》

【提要】

"福田"，就是可滋长福德之田。凡敬侍佛、法、僧、父母，悲悯贫苦者，都可以获得福报功德，犹如农人耕田，能有收获，故以田喻之。《大智度论》云："受恭敬的佛法僧等，称为敬田；受报答的父母及师长，称为恩田；受怜悯的贫者及病者，称为悲田。"以上三者，合称三福田。除此，还要耕种我们的"心田"。佛教的修行，讲究修心，其实修心就是种福田。有了福报，心地更要用功，因为一切福田都不离开心地。

【正文】

佛经将布施譬喻为种田，农夫必须要选择良田，勤于耕耘，才会有丰美的收获；行布施也必须要选择对象，明三轮体空之理，才会有功德。

根据佛经记载，世界上有八种人，堪为众生布施造福的对象，分别是：佛、圣人、僧、和尚、阇黎^①、父、母、病人等。但就现在社会而言，三宝、修道者、父母、师长、病人、残障、急难、弱势团体等，更堪为大众所布施供养。

1.三宝：三宝是佛法僧，其中尤以佛乃宇宙人生真理的觉悟者，不仅自觉、觉他，而且觉行圆满，如果人能恭敬供养，便能获一切福，灭一切罪，故称福田。

2.修道者：能发心行菩萨道，普渡众生的修行人，乃至其他宗教师，如牧师、修女、神父，甚至一些具有专业知识，能贡献所学以利益人民百姓的专家学者，都值得尊敬供养。

3.父母：父为资行之始，有生成之德，自孩提以至成长，教诫育养，其恩浩极；母始自怀孕分娩，以至乳哺掬育，护持长养，悯念劬劳，其恩罔极，若人能孝顺供养父母，自然获福。

4.师长：父母虽能生养我们的色身，若无世间、出世间师长教育我们，则不知人情义理，一个人若不能通情达理，则无异于禽兽，故知师长乃法身慧命的父母，应当恭敬尊重。

5.病人：佛陀说："八福田中，看病第一福田。"可见佛陀很重视看病。看病不只为求福，也是修行，所以佛弟子应当发心做众生的良医护士。见人有病，当念其苦楚，用心救疗，给予汤药，则能获福，故称病田。

6.残障：残障者一般缺乏谋生能力，若能协助自立，例如给予身心医疗、传授技能、提供就业机会等，这些都是最好的帮助。

7.急难："救急不救贫"是慈善救济应有的原则。急难是指因不可抗拒的外力造成的天灾人祸，例如战争、地震、水灾，或因家庭临时变故，致使生活陷入困境，这时如能即时伸出援手，济人燃眉之急，真是功德无量。

8.弱势团体：目前社会上一些公益团体，积极从事救援雏妓、防治爱滋病、帮助智障儿童、颜面伤残、受虐儿童、妇女性暴力等社会问题的救助，却苦于经费短绌，无法推展业务。对于这些弱势团体，若能捐款资助，则等同于间接从事社会福利，帮助解决社会问题，意义非凡，故值得推动。

【注释】

①阇黎：又译为阿阇梨、阿舍梨，意译为轨范师、智贤、传授，意即教授弟子，使之行为端正合宜，而自身又堪为弟子楷模之师，故又称导师。

【思考】

1.试述八福田中，哪些属于"敬田""恩田""悲田"。

2.八福田中，哪一种福田功德最大？为什么？

3.据你所知，社会上有哪些照顾弱势的公益团体？

八关斋戒

有德僧人作道场，坚持斋戒讽经章，

诚心礼佛多功德，利益存亡获吉祥。

——《赞僧偈》

【提要】

八关斋戒是佛陀为了使在家信众有机会学习出家生活，一日一夜受持出世的戒法，借以长养出世善根，种植出世正因，而开设的方便法门。所以，八关斋戒其实就是让在家信徒学习出家生活的戒律，并体会出家人的淡泊和清净的生活而制定的。主要精神在于用内在的慈悲、道德来庄严身心。

【正文】

《涅槃经》云："在家迫祚如牢狱，一切烦恼因之而生起；出家宽阔如虚空，一切善法因之而增长。"出家功德殊胜，但是并非人人都能具足出家的福德因缘。为此，佛陀特别施设"八关斋戒"的方便法门，让在家信众也能体验出家生活，借此长养出世善根，种植出世正因。

"八"是指所受持的八条戒；"关"即关闭八恶，令身口意不起诸过；"斋"是齐断诸恶，具修众善的意思；"戒"有防非止恶的作用。八关斋戒的内容是：

1. 不杀生：不侵犯他人的生命；大至杀人，小至杀死老鼠、蟑螂、蚊蚁等，甚至浪费时间、破坏物质，也是杀生。不过，佛教是以人为本的宗教，所以不杀生，主要是指不杀人。

2. 不偷盗：不侵犯别人的财富；简单地说，凡不予而取，就是偷盗。根据戒律，盗取价值五钱（古印度摩揭陀国钱币单位）以上的东西，就犯了根本大戒。平时顺手取用公家的信纸、信封、笔等，或是借用东西未还，叫作不净行。

3. 不淫：合法的夫妻关系以外的男女爱欲行为，称为邪淫。受持八关斋戒时，不但禁止邪淫，即使合法夫妻间的关系也不可，所以称为"净行优婆塞、优婆夷"。

4. 不妄语：妄语就是说虚妄不实的话，包括两舌、恶口、绮语等，甚至知而不言也是妄言。不过其中以"未得谓得，未证谓证"为大妄语；另外说四众的过失，尤其说出家二众的过失，也犯了严重的根本大戒。

5. 不饮酒：凡能刺激神经，使人丧失理智、败坏德行的东西，诸如大麻、鸦片、安非他命、速赐康、强力胶、吗啡、红中白板等，都是不饮酒戒所要戒除的。

6. 不着华鬘香油涂身：即衣着力求朴素，不穿鲜艳华丽的衣服，不涂抹香水、胭脂，如此则有助于摄心正念，远离贪染，自能迈向清净之道。

7. 不歌舞观听：即不涉足声色场所，以防止三业过患。因为芳香的气息可以迷人心目，歌舞色声可以丧人心志，都不适宜修行人。

8. 不坐卧高广大床：高广大床意指丰厚的物质生活，不坐卧高广大床就是说修道者在物质上应该力求简单，不贪着物欲享受，如此才能勇猛精进，而与圣道相应。

此外，"斋"是不非时食，亦即过午不食。

八关斋戒是一日一夜戒，时间虽短，如能受持清净，所得功德无量无边。由于受持期间必须远离家居，亲近三宝而住，因此又称"近住律仪"。

【思考】

1. "八关斋戒"的内容为何？

2. 为什么佛陀特别施设"八关斋戒"？其意义为何？

3. 受持"八关斋戒"有何利益或功德？

八　识

识马易奔，心猿难制，

神既劳役，形必损毙。

——《缁门警训》

【提要】

佛教教义主要谈"心"，其中以"唯识学"对人类起心动念的分析最为精细。其将人的心识分为八种，称为"心法"，即：眼识、耳识、鼻识、舌识、身识、意识、末那识、阿赖耶识。人类心灵深处虽然存着各种爱恨恩怨的潜意识，但在遇到外在环境的人事物而欲起现行时，还可以靠现前的真心智慧来防范恶缘，增加善缘。真心与智慧的强大，要靠我们勤修戒、定、慧来达成，如此，真心与妄识的心理交战过程，即为"转识成智"。

【正文】

兄弟八人一个痴，一个在家出主意；

五个门前做买卖，一个往来传消息。

这首诗偈传神的形容了心的八个作用，也就是八识的譬喻。

八识分别是：眼识、耳识、鼻识、舌识、身识、意识、末那识^①、阿赖耶识^②。

"五个门前做买卖"，指的就是打前锋的前五识：

1. 眼识：依于眼根，了别色尘。

2. 耳识：依于耳根，了别声尘。

3. 鼻识：依于鼻根，了别香臭。

4. 舌识：依于舌根，了别滋味。

5. 身识：依于身根，了别痛、痒、寒、热等触觉。

"一个在家出主意"指的是第六意识：意识有思维、了别的能力，前五识如果没有经过第六意识的思维，则眼睛所看、耳朵所听、鼻子所嗅、舌头所尝、身体所触，根本不会生起美丑、好恶、香臭、酸甜、粗细等感觉，就不会因贪爱而执取，或因不顺己意而排拒，更不会因此而生起贪嗔痴等无明烦恼，所以我们平常举心动念都是意识的活动力。

"一个往来传消息"指的是第七末那识，此识执第八阿赖耶识为我，所以像忠臣一样，将前六识造作诸业之后，留下的余习种子，全部传到它心目中的主人——第八阿赖耶识之中。

第八阿赖耶识不能分辨好坏，凡是第七末那识传来的种子，第八阿赖耶识都毫无分别地照单全收，所以说它"痴"。

八识各有职司，第六识"心"领导着"眼耳鼻舌身"前五识去从事种种活动，当前六识造下种种善恶业后，将由"第七识"传送给"第八识"。第八识又称"藏识"，它把人所造的所有善恶业全部都贮藏起来，因此就像一只无形的储藏库、保险箱。它是生命中的主人，《八识规矩颂》说："去后来先作主翁。"人死时，眼耳鼻舌身皆不发生作用，但识要到最后才会离去；入胎时，第八阿赖耶识也是第一个去报到的。

所以阿赖耶识是我们生命的主体，它永不毁坏，也永不遗失，它就像串起念珠的线，贯穿了过去、现在、未来，借着它，三世的生命因此生生不息、循环不已。它尤其像一亩田，在田中播下什么种子，就会结什么果，所谓"欲知前世因，今生受者是；欲知来世果，今生作者是。"每个人都可以是命运的主宰者，所以想要过什么样的人生，就看自己如何在八识田中播种、耕耘了。

【注释】

①末那识：此识恒与我痴、我见、我慢、我爱等四烦恼相应，故其特质为恒审思量。此识为我执之根本。

②阿赖耶识：指第八识。意谓执持诸法而不迷失心性；以其为诸法之根本，故亦称本识；以其为诸识作用之最强者，故亦称识主。又因其能含藏生长万有之种子，故亦称种子识。

【思考】

1. 何谓"八识"？

2. 试分析前五识与第六意识之不同。

3. 为什么"识"是生命的主体，而且永不毁坏，也不遗失？

八　难

正法难闻，良师难遇，人身难得，诸根难具，

正见难生，信心难发，会合难具，自在难逢。

——《大萨遮尼乾子经》

【提要】

一般佛弟子常以生不逢佛世，未能亲睹佛陀的身相金容而引为憾事。其实，佛陀在世不在世并不重要，重要的是我们能不能奉行佛法。经典上说佛陀常住于常寂光中照顾我们，永处在真理里指导我们。《金刚经》也说："若是经典所在之处，即为有佛。"有佛法的地方必定有佛。所以，我们要注重人我的关系，所谓"若见人我关系处，一花一叶一如来"！

【正文】

人身难得，佛法难闻；纵得人身，未必得闻佛法，何况生于边地三途！

根据佛经上说，学佛有八种障难：

1.在地狱难：地狱众生，因恶业所感，长夜冥冥，但受众苦，无有间断，故不得见佛闻法。

2. 在饿鬼难：饿鬼道众生，有的长劫不闻浆水之名；有的唯在人间伺求荡涤脓血粪秽；有的时或一饱，但以刀杖驱逼，填河塞海，受苦无量，故不得见佛闻法。

3. 在畜生难：畜生种类不一，亦各随因受报，或为人蓄养，或居山海等处，常受鞭打杀害，或互相吞啖，受苦无穷，故不得见佛闻法。

4. 在长寿天难：长寿天以五百劫为寿，即色界第四禅中之无想天。无想者，以其心想不行，如冰鱼蛰虫，外道修行多生其处，不能见佛闻法。

5. 在边地之郁单越难：郁单越，译为胜处，生此处者，其寿千岁，命无中夭，贪着享乐而不受教化，是以圣人不出其中，不得见佛闻法。

6. 盲聋喑哑难：此等人虽生中国（有佛法的地方），但业障深重，盲聋喑哑，诸根不具，虽值佛出世，也不能见佛闻法。

7. 世智辩聪难：虽有聪利，但却耽习外道经书，不信出世正法。

8. 生在佛前佛后难：由于业重缘薄，生不值佛世，故不得见佛闻法。

以上八难，奉持八关斋法可以对治之，这是根据《阿含经》所说；另据《成实论》说，以四轮可对治此八难，即：（1）住善处，可生中国；（2）依善人，可生值佛世；（3）自发正愿，可具正见；（4）宿植善根，可诸根完具。

八难分开虽有八条，但实际上只在说明"佛世难生""佛法难闻""人身难得"。由于佛世难生，因此应生"佛在世时我沉沦，佛灭度后我出生；忏悔此身多业障，不见如来金色身"的惭愧心；由

183

于佛法难闻，因此应生"人身难得今已得，佛法难闻今已闻"的希有心；由于人身难得，因此应发"此身不向今生度，更待何生度此身"的精进心，以此三心学佛，才能契入真理。

【思考】

1. 学佛有哪八种障难？

2. 为何奉持八关斋法可以对治八难？

3. 文中提到用哪三颗心学佛，可以契入真理？

4. 你会觉得"人身难得"吗？为什么？

九品往生

劝君修道莫生嗔，法中无我亦无人，

欲识西方求净土，会是尘中不染尘。

——《往生净土忏愿仪》

【提要】

九品往生又作三辈生想、一九之生。修习净土法门，上、中、下三根皆得往生，依此三根分为九品。《维摩诘经》云："若菩萨欲得净土，当净其心，随其心净则佛土净。"十方佛国净土是可随人的心力、愿力创造的；"九品往生"提供我们明确的目标，能转化有限生命到达无量寿，最终契入终极价值的往生意义。

【正文】

净土法门，三根①普被，无论博通三藏之大德或凡愚之人，只要一心不疑，专志念佛，临命终时，都能蒙阿弥陀佛及诸圣众接引往生。然因修持不同，往生品位便有差别，依《观无量寿经》所载，共分九品，称为九品往生。

1. 上品上生：若人能发至诚心、深心、回向发愿心，并且慈心不杀，具诸戒律、读诵大乘经典、修行六念，如是精进勇猛，临命终时，得蒙阿弥陀佛放光照耀，观音、势至及诸菩萨手执金刚台，接引往生。

2. 上品中生：能发三心，然于大乘法不能受持读诵修行，唯能解了第一义谛，深信因果，如是临命终时，阿弥陀佛与观音、势至等无量大众，手执紫金台，授手迎接。

3. 上品下生：能发三心，然于大乘法不能受持读诵解义，唯信因果，如是临命终时，阿弥陀佛与观音、势至及诸眷属，手持金莲华，化作五百化佛，授手来迎。

4. 中品上生：受持五戒，持八戒斋，修行诸戒，不造五逆，无诸过恶。如是之人，临命终时，阿弥陀佛与诸比丘眷属围绕，放金色光，至其人所，其人见已，心大欢喜，见己身坐莲华台。

5. 中品中生：一日一夜持八戒斋，或一日一夜持沙弥戒，或一日一夜持具足戒，威仪无缺，如是之人，临命终时，见阿弥陀佛与诸眷属放金色光，持七宝莲华来接。

6. 中品下生：若人孝养父母，奉行仁义，临命终时，遇善知识为其说阿弥陀佛国土乐事及法藏菩萨四十八大愿，至心信乐，即得往生。

7. 下品上生：若有众生作众恶业，诽谤方等经典，多造恶法，无有惭愧。临命终时，若遇善知识为赞大乘经典，除却千劫极重恶业；教令合掌称"南无阿弥陀佛"名号，除却五十亿生死重罪。是时彼佛即遣化佛，及化观音、势至来迎。

8. 下品中生：若有众生，毁犯五戒、八戒及具足戒，偷僧祇物，盗现前僧物，不净说法，无有惭愧，以诸恶法而自庄严。如此罪人，临命终时，地狱众火一时俱至；若遇善知识为赞阿弥陀佛十力威德，除八十亿劫生死重罪，地狱猛火化为凉风，吹诸天华，华上皆有化佛菩萨来迎接此人。

9. 下品下生：若有众生，作五逆十恶，具诸不善。此人临命终时，遇善知识，为说妙法，教令念佛。如是至心，令声不绝，具足十念称南无阿弥陀佛，于念念中，除八十亿劫生死重罪，即见金莲华犹如日轮，住其人前，接引往生。

以上"九品往生"中的下品往生，说明即使生前作恶，只要临命终前经善知识指点教导，十念称名，仍得生西。但是，如果世人执此凭恃，平日不修善业，则危险万状，因为世人死亡有千百万种，难保能正念分明，善知识更是难遭难遇。因此，修习净土法门为最稳当之法，平日积功累德，深心发愿，方为究竟。

【注释】

①三根：指众生之根性有上、中、下三等。又作"三辈"。

【思考】

1.《观无量寿经》将往生列为哪九品？其用意为何？

2. 上品上生者要能发哪三种心？

3. 为什么一个作恶多端的人，也可以得生西方？

十大弟子

为人子弟，不可轻师，

当视如佛，不可嫉谤。

——《阿难问事佛吉凶经》

【提要】

佛陀成道后四十九年中，往来恒河两岸说法，足迹踏遍五印度，所言所行，皆是"示教利喜"的示范。佛陀的弟子中，最特出的十大比丘弟子，包括其异母王弟难陀、独子罗睺罗、堂弟阿难、提婆达多、阿那律，以及为王子们理发的优婆离，又感化婆罗门之子须菩提等，他们皆具众德而各有所长，各个证得罗汉果位，为弘扬正法，不辞辛劳，牺牲奉献，留下化世益人的懿行，为后世留下学习的典范。

【正文】

本师释迦牟尼佛住世度生的时候，皈依的弟子很多，但最有名的是"十大弟子"。所谓十大弟子，各有第一，先列表如下：

舍利弗——智慧第一。目犍连——神通第一。

富楼那——说法第一。须菩提——解空第一。

迦旃延——论议第一。大迦叶——头陀第一。

阿那律——天眼第一。优婆离——持戒第一。

阿难陀——多闻第一。罗睺罗——密行第一。

1. 舍利弗：出生在摩揭陀国的迦罗臂挐迦村，父亲是有名的婆罗门论师，舅父是拘稀罗。舍利弗八岁时，就成为有名的论师，由于阿说示比丘的因缘，皈依了佛陀，快八十岁时，先佛陀三个月涅槃。

2. 目犍连：这位目空一切的学者，和舍利弗一起出家，只七天时间就证得圣果。有大神通，比舍利弗证果还早了约十天，是有名的孝子，最后在裸形外道投掷的石块下殉教。

3. 富楼那：迦毗罗卫国净饭王国师之子，比丘中的谏言者，热心弘法。

4. 须菩提：中印度舍卫国婆罗门之子，修无争三昧①，岩中宴坐观空，能感天人散花赞叹。

5. 迦旃延：西印度阿槃提国的猕猴食村婆罗门之子，阿私陀②的外甥，善说法要，在佛灭后屡与外道论议。

6. 大迦叶：生在中印度摩竭陀国王舍城近郊之婆罗门家，富可敌国。出家后勤修苦行，终于继承了佛陀的法统。

7. 阿那律：生于迦毗罗卫国，佛陀的堂弟，因勤于修行，双目成盲，后得天眼。

8. 优婆离：出身贱族，为阿那律等王子的剃头匠，后来出家还在诸王子之前，成为师兄，受王子比丘的礼拜，是为佛法平等精神的表现。

9. 阿难陀：提婆达多的弟弟，佛陀的堂弟。出家后为佛陀的侍者，容貌端正，善于记忆。因他的请求，才有比丘尼教团。

10. 罗睺罗：人间的幸福儿，佛陀出家前的亲子，舍利弗的弟子，是第一个沙弥。天真活泼，因受佛陀的呵斥，而刻苦修持开悟。

偈云：

舍智连通说富那，须空旃论迦头陀，

那律天眼波离戒，阿难多闻密行罗。

【注释】

①无争三昧：谓以其解空，则彼我俱忘，能不恼众生，亦能令众生不起烦恼。

②阿私陀：为中印度迦毗罗卫国之仙人。悉达多降诞时，此仙为之占相，并预言其出家必成正觉，可得菩提，转无上最妙法轮。

【思考】

1. 试述佛陀的十大弟子，并略述其第一。

2. 佛陀在度化弟子时曾施设哪些方便？请举例说明。

3. 你印象最深刻的十大弟子是哪一位？为什么？

第七章

十　地

般若之威德，能动二种人，

无智者恐怖，有智者欢喜。

——《大智度论》

【提要】

人的一生就像阶梯，哪一个年龄该在哪个阶梯，要清楚明了；何时该爬上，何时该下梯？阶梯也不是都只有上，也要能下，所谓"爬得高，看得远"；修道也有阶梯，从十信、十住、十行、十回向、十地，到等觉、妙觉而完成菩萨道，最后才能成就佛道。那么，菩萨为什么要以"地"来分阶位呢？因为地，能生万物，树木花草依地而生，金铜矿物依地而生，一切有情依地也才能存在。

【正文】

学生，无论是小学、中学、大学，为了分别程度的深浅，都定有一年级、二年级、三年级；菩萨，也分有五十一个位次。从十信菩萨，而十住、十行、十回向，进而就是十地及等觉菩萨了。

1. 欢喜地：初地的菩萨，断除了身见结、戒禁取结、疑结①，不再有执着恐怖、颠倒、梦想。不忧虑生活，不惧怕死亡，不怨人毁谤。

进入初地的菩萨，等于生到诸佛如来的家中去了。助人为乐，以布施为乐，能绍隆佛种，能弘法度生，因为分证了佛陀的法身，相应了菩提，欢喜踊跃，所以叫欢喜地。

2. 离垢地：二地的菩萨，自己修行十善，也劝人勤修十善，不再误犯微细的戒律，远离垢染，获得三业清净，能够广行慈悲，饶益有情，所以叫离垢地。

3. 发光地：三地的菩萨，勤求佛法，受持佛法，能忍一切外境，不再动心，精修定学，得慈悲喜舍的四无量定，不再为贪嗔愚痴闇蔽，圣格升华，像光明一样，驱散了一切暗冥，所以叫作发光地。

4. 焰慧地：四地的菩萨，精进修习三十七道品②，除了我执、法执，见解上没有愚痴，思想上也无谬误，不生爱染，不起嗔怒，智慧的光像火焰一样地炽盛，照亮了佛道，所以叫作焰慧地。

5. 难胜地：五地的菩萨，不但修满了禅定，而且更证悟了真实的谛理，离诸戏论，证悟空有不二，不住生死，不住涅槃，这是极难到达的阶位，所以叫作难胜地。

6. 现前地：六地的菩萨，圆满了般若智慧，经常安住在灭尽定中，不起有漏的心识分别，照见缘起性空，彻悟诸法自性，可以说真实的佛法已经现前，所以叫作现前地。

7. 远行地：七地的菩萨，安住在灭尽定中，出定入定，随念自由，不用功而能行诸佛法，度众有无限方便，远大的目标，即将到达，所以叫作远行地。

8. 不动地：八地的菩萨，功德任运增进，烦恼不再现行，不为名利所动，不为境风所诱，只有大愿度生，所以叫作不动地。

9. 善慧地：九地的菩萨，无相无功用行，自证的固然无功用行，为他说法，也不待功用，以自然而然的清净法力，守护佛法宝藏，以纯善的智慧开示众生，所以叫作善慧地。

10. 法云地：十地的菩萨，是真正的法王子了。所谓补处菩萨，就要成佛了。有大慈悲，大神通，那福德智慧的云朵，严密护身，可以发为电光，震大雷音，降大法雨，伏诸魔外，终成佛道。

菩萨从初发心，经历十地，到此完成三大阿僧祇劫修行，等着进入诸佛位。

【注释】

①身见结、戒禁取结、疑结：即"三结"，又作初果三结。结，即见惑，众生由此见惑结缚，不能出离生死。声闻之人断尽此惑，即证初果须陀洹。

②三十七道品：四念处、四正勤、四神足、五根、五力、七觉支、八正道。

【思考】

1. 何谓十地菩萨？

2. 大菩萨的阶位为何称为"地"？

3. 行菩萨道应具备何种心态？

十如是

譬如良沃田，所种必滋长，

如是净心地，出生诸佛法。

——《华严经》

【提要】

十如是指探究诸法实相应把握之相、性、体、力、作、因、缘、果、报、本末究竟等十种如是。说明我们的心，每天往来游走在十法界众生之中，时而佛心、菩萨心，时而畜生、饿鬼的心，所以每一法界都拥有"十法界"，每一法界又有"十如是"，这就是《法华经》里所说的"百界千如"，而隋朝的智顗大师用以与十法界、三种世间等相配而构成"一念三千"之理论。

【正文】

《法华经·方便品》说："佛所成就第一希有难解之法，唯佛与佛乃能究尽诸法实相。所谓诸法如是相、如是性、如是体、如是力、如是作、如是因、如是缘、如是果、如是报、如是本末究竟等。"

以上这段经文说明，欲探究诸法实相，应把握诸法的相、性、体、力、作、因、缘、果、报、本末究竟等十种如是，称为"十如是"。

"如"就是不异、如实的意思；"是"就是无非、这样的意思；一切诸法的本来相状均具足这十义。

1. 如是相：即相状，指外在可见的形相，如每个人有每个人的相，畜生有畜生的相，乃至显现在外的善恶行为等皆是。

2. 如是性：即理性，指内在不可见的的本性，诸法的本性各不相同，例如木有火性、金有坚硬性、水有潮湿性、风有流通性等。

3. 如是体：即本体，指众生之质体，如宇宙万有皆以心为本体，有了本体才有森罗万象。

4. 如是力：即力用，指诸法所具有的功能，如砂石、水泥可为砌墙的材料。

5. 如是作：即造作，指身、口、意三业的作为。

6. 如是因：即业因，指三业有了造作，就会有招致果报的业因。

7. 如是缘：即助缘，指因果之间的助因，如以花为例，种子是因，土壤、水分、肥料、空气、人工等，都是助缘，有了这些助缘才能开花结果。

8. 如是果：即结果，指从过去所习染之因，得其相应之果。

9. 如是报：即果报，指由善恶业因所招感的未来苦乐果报。

10. 如是本末究竟等：即以上述各项"如是"中之"相"为本，"报"为末，本末皆由因缘和合所产生，故本末皆空，此空即为诸法平等之极致。

"十如是"旨在说明，相恶则报亦恶，相善则报亦善，其所归趣是一贯的，因此通于十界。也就是说，这十义不但对福智圆满的佛陀可以说明，对于充满苦厄的地狱众生也可以说明，所以十界各具十如，成为十界百如；又以十界彼此互具故，而成为百界，百界各具十如，于是衍生出天台宗另一个重要的学说"百界千如"的思想理论根据。

【思考】

1. 试述"十如是"的意思。

2. 为什么说一切诸法的本来相状皆具有"十如是"？试举例说明。

3. 请分享学习的心得。

十法界

若人欲了知，三世一切佛，

应观法界性，一切唯心造。

——《华严经》

【提要】

佛教将众生分成十法界，凡夫一天之中，来去十法界不知凡几？譬如：一念恼害仇恨之心生起，即为地狱；一念嗔恨斗争之心生起，即是饿鬼；一念愚痴无明之心生起，即为畜生；一念嫉妒憍慢之心生起，即是修罗；一念持戒修善之心生起，便为人道；一念欢喜快乐之心生起，即处天堂；一念利他无我之心生起，即为菩萨；一念平等包容之心生起，即成佛道。因此，天堂地狱就在方寸之间。

【正文】

佛教将凡圣的境界由下而上分为：地狱、饿鬼、畜生、人、阿修罗、天、声闻、缘觉、菩萨和佛十类；因为各有因果，界畔分明，因此称为"十界"，又称"十法界"。

1. 地狱：在三恶道中，地狱的苦痛最为猛烈，大多数位于南赡部洲的地下深处，有如人间的牢狱，被刑具所拘束而不得自在，因此称为地狱，又名苦具、苦器等。造上品十恶业，尤其是犯五逆重罪的众生，便堕入地狱受报。

2. 饿鬼：因为常向他人求取饮食以活命，并且多畏惧，故名饿鬼。造下品十恶业，或悭贪、嫉妒、谄媚、欺诳，乃至饥渴而死的，即堕饿鬼道。

3. 畜生：秉性愚痴，不能自立。生存范围遍及六道，种类繁多，依住处可分为水行、空行、陆行。若不明因果而造恶，但事后稍有悔意者，堕入此道。

4. 人：人道是五趣升沉的枢纽，六道中，人身最为难得。持守五戒，以及实践中品的十善业，是得人身的原因。

5. 阿修罗：果报殊胜仅次于天，但却没有天人的德行，因此又名"无天"。生前虽行下品十善，但因嗔恚、我慢、猜疑心过重，因此不能升天；又因为嫉妒天道的福德，因此常兴兵与帝释天作战。阿修罗分布于鬼、畜、人、天四趣，有胎、卵、湿、化四种受生方式。

6. 天：六道中福报最为殊胜；依照积善的多寡或烦恼断除的深浅，可分为欲界六天、色界十八天、无色界四天，总共二十八天。天界有四事胜于其他众生，即身胜、寿胜、定胜与乐胜。虽然如此，天人寿尽时，会有"五衰相现"而下堕受苦，继续轮回。因此，天界虽然殊胜，终非究竟安乐的地方。

7. 声闻：因听"闻"佛陀的"声"教而开悟；所证悟的果位有初果、二果、三果，乃至小乘的究竟果位四果阿罗汉。修证声闻果的法门很多，初步为：常修定境，注心一处，安住于正知正见等。

8. 缘觉：值佛出世时，听闻十二因缘教法而开悟，称为"缘觉"；生于无佛出世时，观察外界现象的生灭变异而无师自悟，称为"独觉"。名称虽然不同，然皆因观"缘"起法而"觉"悟，且喜独居。

9. 菩萨：发起"上求佛道，下化众生"之菩提心的大道心众生，就是菩萨。菩萨的性格特征在于慈悲，菩萨的思想特色在于般若智慧，菩萨的精神是坚忍与精进，菩萨的实践法门首重六度波罗蜜，而菩萨的共同愿行，便是无休止的"四弘誓愿"。

10. 佛：觉者，觉悟真理的人，不仅自己解脱生死，而且能指出众生烦恼痛苦的病因，进而帮助众生解脱生死烦恼，是自觉、觉他、觉行圆满的圣者。

【思考】

1. 佛教将凡圣的境界分成哪十类？

2. 什么样的人会堕入三恶道？

3. 为何说天堂地狱就在方寸之间？

十二因缘

无明为大愚，生长诸恶法，

发起智慧明，断生死苦本。

——《本事经》

【提要】

感果名"因"，助因为"缘"；"因"为能生之种，"缘"为助生之机，辗转感果，互相由借，故合称十二因缘。因缘的相续，使生命绵延，因缘的变化，为善或为恶，使生命有种种的转换：或上天堂，或下地狱，穷通得失，贫贱富贵等，可见命运是由因缘所成，因缘掌握在自己手中，因此只要把握现在，造好因，结好缘，一定能够创造光明、美好的未来。

【正文】

生从何来，死往何去？众生生死流转的根源是什么？十二因缘可以解开其中的奥秘。

十二因缘就是生命从过去到现在、现在到未来所轮转的十二个程序。

1.无明："诸法因缘生，诸法因缘灭；缘聚则生，缘散则灭。"

人们不知如是法的真相，即为"无明"。因此，无明就是不明白缘生法的实相，也就是愚痴的意思。

2. 行：能造作、能牵引三界的身口意三业的力量为"行"。过去世因无明而生业，业就是行。

3. 识：由于过去世的无明造业，因此有了今生的生命，而在投胎之初的一念，名为"识"。识即是个人精神统一的总体，由于识的了别，使境增明，使根增长，使思想等有所领导。

4. 名色："名"是受想行识的精神，"色"是物质的肉体，因此名色就是五蕴的异名，也就是构成生命的精神与物质。

5. 六入：即眼耳鼻舌身意之内六根，有传达色声香味触法外六境的机能。

6. 触：六根接触六境所生起的主观感觉，譬如苦乐、饥寒、痛痒等，都是由触觉所领导产生。

7. 受：对不欢喜的境物人事生起苦痛之感，称苦受；对欢喜的境物人事生起快乐之感，称乐受；对中庸的境物人事不产生各种苦感和乐感，称不苦不乐受。

8. 爱：对所欲境生起渴爱之贪念，称为"爱"，譬如爱财、爱情、爱命、爱名等。爱是生死的根本，贪爱增上则成"取"，以取为缘表现于行动者为"有"，继而有"生"与"老死"之生死轮回。

9. 取："取"是于所有事物上以自我为中心，不顾一切的攀缘追求，因此引发三有业的活动。取有欲取、见取、戒取、我取等四义。

10. 有："有"是存在的意思，与"业"的意义相通。由于爱取，产生"纵我役物"，而构成潜在的业力。这些业力所招感的苦乐果报，相续而生，不会消失，所以称为"有"。

11. 生：人从母胎呱呱堕地，即谓"生"；色受想行识我的主体展开对外的活动发展，直到老死，此谓一期生命。

12. 老死：人的生理机能衰退，便是"老"；最后呼吸停止，诸蕴因缘离散，身坏命终，则是"死"。但是老死的只是色身，生命仍不断地流转。

【思考】

1. 三世二重十二因缘如何划分？

2. 为什么佛陀要宣说十二因缘？

3. 你认为十二因缘中，哪个因缘是生死的关键？为什么？

十二部经

少言美妙善相应，他于人处能软语，

如法降伏诸怨敌，大智大慧真教法。

——《月灯三昧经》

【提要】

"十二部经"是将佛陀教法，依叙述形式与内容分为十二种类。"经"所阐扬、诠释的教法，称为"经教"，记载经教的书籍，称为"经典"，有了经典的流传，始有正法住世。若以世间人的观点来看，三藏十二部经教才是佛法，然而人人皆有佛性，因此每个人的自心本性无不具足一切清净"法性"，故说学佛应该反求自心，切莫心外求法。

【正文】

佛教的教理博大精深、甚深微妙，佛教的藏经卷帙繁多，共有九千多卷，统称为"三藏十二部经"。一般人不解，以为"十二部经"是指佛教总共只有十二部经典，事实上，是将佛陀的教法，依叙述的形式和内容，分成十二种的意思。十二部经分别是：

1. 长行：以散文的方式直接记载佛陀的教说，不限定字句长短。

例如：《阿弥陀经》《心经》。

2. 重颂：将宣说于前的经文内容，再以偈颂重宣一次。例如，《普门品》之偈颂："世尊妙相具，我今重问彼，佛子何因缘，名为观世音。"

3. 孤起：完全以偈颂的方式来记载佛陀的教说，例如，《法句经》《佛所行赞》。

4. 譬喻：以譬喻宣说法义，例如，《百喻经》之《杀子成担》《愚人吃盐》，《法华经》之《穷子喻》《三车喻》等。

5. 因缘：叙述佛陀说法教化的因缘，例如：诸经的序品。

6. 无问自说：未待他人问法，佛陀自行开示教说。例如，《阿弥陀经》。

7. 本生：记载佛说自身过去世因缘的经文。例如，《本生经》《六度集经》《杂宝藏经》。

8. 本事：记载佛说各弟子过去世因缘的经文，例如，《法华经》中《药王菩萨本事品》。

9. 未曾有：记载佛现种种神力不思议的经文。例如，《未曾有因缘经》。

10. 方广：宣说广大深奥的教义。例如，《华严经》。

11. 论议：以法理论议问答的经文。例如，《维摩诘经》。

12. 授记：佛对菩萨或声闻授成佛之记。例如，《法华经》之《五百弟子授记品》。

以上十二部经又名"十二分教""十二圣教"，其实就是佛陀教学法的十二种题材，从中可以看出佛陀教育法的权巧方便、因材施教的智慧，足为当代教育家的教学参考。

"十二分教"可以用一首偈语贯穿：

> 长行重颂并孤起，譬喻因缘无问说；
>
> 本生本事未曾有，方广论议并授记。

【思考】

1. 佛教经典分成哪十二种类？

2. 试述十二部经的特色。

3. 为什么十二部经可以作为当代教育家的教学参考？

十二头陀行

随顺佛所说，持戒行头陀，

身心无恶行，疾至于解脱。

——《治禅病秘要法》

【提要】

十大罗汉中的伐那婆斯尊者，终日坐在岩洞里，世间的喧嚷、烦恼都被远隔在洞窟之外，侵扰不了他的心。又如优波先那比丘尼在岩洞中证悟空无自性，虽然被毒蛇咬啮，却毫无痛苦，安详地进入涅槃。有些修行十二头陀的声闻僧，则更远离愦闹，在杳无人烟的冢间旷野宴坐，并且胁不就席，行不倒单，如大迦叶尊者，终年累月参禅于白骨累累的坟间，不以为苦，等等。

【正文】

大迦叶是佛陀十大弟子中，以"头陀第一"而闻名的圣弟子。在大迦叶晚年的时候，佛陀曾慈爱地想劝他中止苦行，但是大迦叶却不以苦行为苦，反而感到很快乐，因为既不为衣食愁忧，也没有人间的得失，只感到清净解脱的自由。

尤其，大迦叶认为头陀行是一种最严肃的生活方式，能习惯于这种生活，便能吃苦忍耐，甘于淡泊，一心一德，为法为人，因此头陀行直接可以巩固僧团，间接可以利益众生，是故发愿一生不舍头陀行，佛陀也很赞许他的这种精神。

所谓"头陀"，就是苦行，也就是为了去除尘垢烦恼，而在衣、食、住、行方面刻苦自励，以修炼身心。当初佛陀虽然也曾在苦行林中修了六年的苦行，后来发现苦行并非究竟解脱之道。但是，佛陀认为过分贪着欲乐会淹没一个人的道心，因此只要不是刻意折磨身心以标榜修行，佛教还是赞许过简单刻苦的生活，因此有"十二头陀行"，也就是对日常生活所立下的十二种修行规定：

1. 在阿兰若处：远离世人居处而住于空闲寂静之所。

2. 常行乞食：对托钵所得之食，不生好恶念头。

3. 次第乞食：不择贫富，沿门托钵。

4. 受一食法：一日仅受一食，以免数食妨碍一心求道。

5. 节量食：饮食不过量而知节制，若恣意饮啖，则腹满气胀，有妨道业。

6. 中后不得饮浆：过中食后不饮浆，若饮之而心生乐着，则不能一心修习善法。

7. 着敝衲衣：穿着不贪新好之衣，以免有损道业。

8. 但三衣：除安陀会、郁多罗僧、僧伽梨三衣以外，不再有多余的衣服。

9. 冢间住：住于墓地，修无常苦空之观，以厌离三界。

10. 树下止：效法佛陀所行，至树下思维求道。

11. 露地住：坐露地，使心明利，以入空定。

12. 但坐不卧：不倒单，若安卧，则恐诸烦恼贼得伺其便。

【思考】

1. 何谓"头陀"？

2. 佛教立了哪十二种头陀行？

3. 为什么佛陀最后放弃了六年在苦行林中的修行？

4. 叙述一则令你印象最为深刻的"头陀行"？

十八地狱

如火着干薪，无有暂冷时，

地狱苦亦尔，无有暂息时。

——《大庄严论经》

【提要】

十八地狱，即指泥犁、刀山、沸沙、沸屎、黑身、火车、镬汤、铁床、壒山、寒冰、剥皮、畜生、刀兵、铁磨、冰地狱、铁策、蛆虫、烊铜地狱等十八个极苦的地方。地狱乃是三恶道中受苦最甚的一道，众生因业力牵引而堕入地狱受苦，诸佛菩萨则因愿力悲心而示现于地狱度脱众生，救拔倒悬。

【正文】

行善生天堂，作恶堕地狱，地狱思想对中国民间信仰的影响，由来深远且钜。佛教也有天堂、地狱之说。佛教认为地狱有十八种，称为十八地狱，分别是：八寒地狱、八热地狱、孤独地狱、近边地狱等十八个极苦的地方。

1. 八寒地狱：指頞浮陀、尼罗浮陀、阿吒吒、阿婆婆、喉喉婆、沤波罗、波头摩、摩诃波头摩等八个寒冷的地狱。

（1）頞浮陀地狱：译为疱，指众生因为严寒逼身，长出皮疱。

（2）尼罗浮陀地狱：译为疱裂，由于寒冷切肤入骨，全身的皮疱因此破裂。

（3）阿吒吒地狱：受罪众生由于寒苦增极，唇不能动，唯于舌中作吒吒声。

（4）阿婆婆地狱：受罪众生由于寒苦增极，唇不能动，唯于舌中作婆婆声。

（5）喉喉婆地狱：受罪众生由于寒苦增极，唇不能动，唯于舌中作喉喉婆声。

（6）沤波罗地狱：受罪众生由于寒苦增极，皮肉开坼，似青莲华。

（7）波头摩地狱：受罪众生由于寒苦增极，肉色大坼，似红莲华。

（8）摩诃波头摩地狱：指受罪众生由于寒苦增极，皮肉冻裂，全身变红似大红莲华。

2. 八热地狱：指等活、黑绳、堆压、叫唤、大叫唤、烧炙、大烧炙、无间等八个炎热的大地狱。

（1）等活地狱：众生造重罪堕落此道，受到斫刺磨捣等刑罚，闷死过去之后，经凉风一吹，马上苏醒如生，继续受苦。

（2）黑绳地狱：狱卒把押来此道受罚的众生，如木匠测量木器一般，先以墨绳量度出有罪众生的身体，然后再割锯成块，因此称黑绳地狱。

（3）堆压地狱：又称众合地狱，也就是集合各种的刑具来处罚罪业众生之意。

（4）叫唤地狱：狱卒将受罪众生掷入大镬中，沸汤烹煮，受诸痛苦，号啕叫唤，所以称叫唤地狱。凡是犯杀生、偷盗、邪淫、饮酒者皆堕入此道。

（5）大叫唤地狱：狱卒将受罪众生沸汤烹煮已，业风吹活，又捉向热铁鏊中煎熬，痛苦极切，发声大叫，故称大叫唤地狱。凡是犯杀生、偷盗、邪淫、妄语者堕入此道。

（6）烧炙地狱：又称焦热地狱、炎热地狱。此地狱中以铁为城，烈火猛焰，内外烧炙，皮肉糜烂，痛苦万端，所以称烧炙地狱。

（7）大烧炙地狱：又称大焦热地狱、大极热地狱。此狱中之狱卒将罪人置于铁城中，烈火烧城，内外俱赤，烧炙罪人；复将罪人，贯铁叉上，着于火中，皮肉糜烂，痛苦万分，故称大烧炙地狱。

（8）无间地狱：又称阿鼻地狱、无救地狱，此狱有罪众生，受苦无量，无有间断，故称无间，是极苦的地狱，凡是造五逆罪、诽谤大乘者，堕入此狱。

3.孤独地狱：由各人的罪业所招感，孤散四处，或在四洲之中，或在山谷间，或在山顶上，或在旷野中，孤独无伴。

4.近边地狱：与孤独地狱一样，孤散四处，或近江河，或在地下，或在虚空之中，处所不定。

【思考】

1.何谓十八地狱？

2.为什么有人说地狱也在人世间里？

3.请撰写一篇读后心得。

十八罗汉

内秘菩萨行，外现是声闻，

少欲厌生死，实自净佛土。

——《妙法莲华经》

【提要】

十八罗汉，指的是十八位永住世间护持正法的阿罗汉。自元代以来，多数寺院的大殿皆供有十八罗汉。十八罗汉的塑像有的严肃，有的洒脱，有的含笑，有的怒目，有的恬静等不同的姿态和神韵，展现了罗汉不受世俗烦恼污染的高超境界，只要我们恒常以智慧眼来观照自己、以出世心来度化众生，也可以成为人间的活罗汉。

【正文】

在佛教史上，不少"内秘菩萨行，外现罗汉相"的得道高僧，以其自在神通力游化人间，造成一般人以为罗汉就是：洒脱不拘、疯癫怪异。

其实，罗汉也有庄严威仪的，罗汉是证悟解脱的修行人，一般的罗汉都具有出世、无争、厌离、好静等性格。在佛陀的弟子中，就有不少证悟的大阿罗汉，譬如十大弟子就是十大罗汉，乃至五百罗汉、千二百五十罗汉等。不过，今人最为熟悉的是十八罗汉，只是经典上并未有十八罗汉的记载，根据《大阿罗汉难提蜜多罗所说法住记》记载，则有十六位罗汉承佛敕命，永住世间，守护正法。他们分别是：

1. 伏虎罗汉：宾头卢颇罗堕尊者，曾降伏过猛虎。

2. 喜庆罗汉：迦诺迦伐磋尊者，原是古印度的一位雄辩家。

3. 举钵罗汉：迦诺迦跋厘堕阇尊者，是一位托钵化缘的行者。

4. 托塔罗汉：苏频陀尊者，是佛陀的最后弟子，他因怀念佛陀而常手托佛塔。

5. 静坐罗汉：诺距罗尊者，又为大力罗汉，因过去乃武士出身，故力大无穷。

6. 过江罗汉：跋陀罗尊者，过江似蜻蜓点水。

7. 骑象罗汉：迦理迦尊者，本是一名驯象师。

8. 笑狮罗汉：伐阇罗弗多罗尊者，原为猎人，因学佛不再杀生，狮子来谢，故有此名。

9. 开心罗汉：戍博迦尊者，曾袒露其心，使人觉知佛于心中。

10. 探手罗汉：半托迦尊者，因打坐完常双手举起伸懒腰，而得此名。

11. 沉思罗汉：罗睺罗尊者，佛陀十大弟子中，以密行居首。

12. 挖耳罗汉：那迦犀那尊者，以论"耳根清净"闻名，故称挖耳罗汉。

13. 布袋罗汉：因揭陀尊者，常背一布袋，笑口常开。

14. 芭蕉罗汉：伐那婆斯尊者，出家后常在芭蕉树下修行用功。

15. 长眉罗汉：阿氏多尊者，传说出生时就有两条长眉。

16. 看门罗汉：注茶半托迦尊者，为人尽忠职守。

十六罗汉以外，加上庆友尊者为降龙罗汉、宾头卢尊者为乘鹿罗汉，而成十八罗汉。另有一法，庆友即难提蜜多罗，为著《法住记》之人；宾度卢即宾头卢颇罗堕，原已列为十六罗汉之首，因此实际上只有十六罗汉，没有十八罗汉。

不管是十六罗汉、十八罗汉，总之，从古到今，从印度到中国，由于风俗习惯和信仰上的不同，以及传播上产生的差异，因此有各种异说，今人实在无须在数目、名称上执着见怪，只要有修行的解脱者就是罗汉，就值得尊敬。

【思考】

1. 何谓"罗汉"？

2. 你对哪一尊罗汉的印象特别深刻？为什么？

3. 试述一位罗汉的生平事迹。

人胜诸天

人云身是假，我曰身是真，

借此假面孔，广种菩提因。

——《佛说解冤枉经》

【提要】

有人说："诸佛世尊皆出人间，非由天而得也。"说明人的可贵。经典上说人有三事胜诸天：勇猛、忆念、梵行。在这三者中，梵行胜最为重要，因为人的"梵行胜"时性，我们能行菩萨道，能证悟圣果。我们应善用人类的这三项特点为众谋福、携手共创净土。世间上，凡是有用的人，遇事都能够"四两拨千斤"，大事化小事，小事变无事。凡是能干的人，做事都能"化繁就简"，都能"化私为公"，甚至"化腐朽为神奇"，能够变不能为可能，能够发明很多的科技文明，能够创造思想学说，能够成功立业，能够救世救人等。

【正文】

人身难得今已得，佛法难闻今已闻；

此身不向今生度，更待何生度此身。

《阿含经》有一则"盲龟浮木"的譬喻，说明人身之难得，譬如大海中有一只瞎眼的海龟，每隔一百年才把头浮出水面一次，而要恰好穿过在海面上随着风浪漂流一块浮木的小圆孔，方能得到人身。这种概率可以说是微乎其微，可见做人之难得。

佛陀又说："失人身如大地土，得人身如指上尘"，可见人身之可贵。人是五趣升沉的枢纽，在六道中，人的果报虽然不及天界殊胜，但是却有三件事胜过诸天：

1. 勇猛胜：诸天耽嗜欲乐，不复进修，人类则最能耐苦，只要自觉所做的事具有意义，即使艰苦卓绝，也能忍受，努力实践。人类这种刚健勇猛、精进不懈的毅力，胜于诸天。

2. 忆念胜：诸天耽嗜欲乐，不肯再去思索真理，因此慧性常惛，人类则能思维分别一切法，忆持过去，思索现在，量度未来，故能使智慧累积增胜。

3. 梵行胜：梵行，就是清净无染的行为，简言之，也就是德行。诸天耽于逸乐，不复增修善业，人类则因居于凡圣之关键，不致太苦，也不致太乐，因此能生起自觉心，知惭愧，堕落后犹能生起向善的力量，从秽恶中超拔出来。

人类这三种特色，不仅胜过诸天，更是其余四道所不及。根据经典记载，过去诸佛都是在人道成佛，乃至未来诸佛，一样在人间修行成道。因此能够生而为人，应该好好利用自己的长处，日求上进，以勇猛的精进力，积极行菩萨道；以殊胜的忆持智慧，造福人群；以超拔的智慧心，勤修梵行，如此方不辜负生而为人。

【思考】

1. 人有哪三件事胜过诸天？

2. 你如何善用自己的长处？

3. 请分享一则人身难得的故事。

大乘小乘

大乘无上乘，此乘不思议，

若有乘此乘，彼当皆出离。

——《大宝积经》

【提要】

"乘"是运载的交通工具。用来比喻佛法如舟航，可以载人从生死的此岸到解脱的彼岸。大的船载的人多，叫"大乘"；小的船只能乘载少数人，所以叫"小乘"。其实，佛陀说法，并无分"大小乘"之别。大乘佛教，缘起于佛陀入灭后五百年，因部派佛教过分的注重法义上的诠释，把佛法复杂化，忽视了众生的需求，故有一群佛子，力行改革，主张回归佛陀本怀，重视实际生活、致力人间教化，"大乘"一词，从之而生。

【正文】

乘，交通工具之意，指能将众生从烦恼此岸载至觉悟彼岸的意思。

大乘，音译为摩诃衍那、摩诃衍。又做菩萨乘、上乘、胜乘、第一乘。

220

小乘，又作声闻乘，乃大乘、菩萨乘之对称。意译为狭小之车乘，指运载自利根基之众生以达小果之教法。

大乘小乘之语，是佛陀入灭后一段时期，大乘佛教兴起，将原始佛教与部派佛教称为小乘。小乘视释迦牟尼佛为教主，否定人我之实在性，以自己解脱为主要目标，故为自调自度（调指灭除烦恼，度指证果开悟）的声闻、缘觉之道。大乘则提倡三世十方有无数佛，否定法我之实在性，认为涅槃有积极的意义，为自利利他兼顾的菩萨道，而且不分在家出家，是大众共修的法门。

小乘所依经典有《阿含经》《四分律》《五分律》等，以及《婆娑论》《六足论》《发智论》《俱舍论》《成实论》等。大乘则以《般若经》《法华经》《华严经》《中论》《摄大乘论》等为依据。大乘佛教徒虽承认小乘三藏之价值，然以为不如大乘经之殊胜，而小乘佛教徒则不以大乘经论为佛说。一般我们常说北传是大乘佛教，南传是小乘佛教。大乘是菩萨道的意思，将之比喻成大车子，可以装载很多人，度量很大，法力无边；小乘佛教，只管个人修持，譬如仅能乘度自己的脚踏车，斯里兰卡、泰国、缅甸的佛教，都称为小乘。

今日为弘扬佛法于国际，佛教徒不应该互相排斥贬低彼此，要将大小乘融合起来，改称向南传播的佛教为南传佛教，如斯里兰卡、缅甸、泰国等地的佛教，向北而传到中国的佛教为北传佛教。

世界各国的佛教因为时代、气候、环境、风俗以及文化背景的不同，产生差异的内涵，但是大原则上，大家仍然共同遵循着佛教悠久的传统，譬如：共同信仰佛法僧三宝；共同尊崇佛陀为佛教教主；共同认可经、律、论为三藏圣典；在南传的巴利圣典和北传的汉译《大藏经》中，都收录有代表原始佛教教义的《四阿含经》；教团中同时包含了出家与在家二众，皆以出家僧伽为主，在家居士为护法；僧团皆需依止上座法师出家及求受戒法；共同的戒律包括出家戒（比丘戒法）、在家戒（五戒）和八关斋戒；共同接受的基本教理有：三法印、四圣谛、八正道、十二因缘、三学、五蕴、十二处、十八界、三十七道品以及缘起中道；佛教徒皆需皈依三宝，进而受持五戒；共同具备课诵仪式，如诵经、持咒、礼佛、禅坐；同样以弘法为家务，利生为事业，等等。因此不论是南传、北传、大乘、小乘彼此都应该团结融和在一起，为佛教的弘扬发挥更大的力量。

【思考】

1. 试述大乘佛教之缘起。

2. 试分析大小乘的差别。

3. 如何发大乘心，行大乘行？

第八章

山　门

八万四千诸法门，诸佛以此度众生，

分别诸法无量门，随缘化导诸众生。

——《华严经》

【提要】

山门又作"三门"，象征智慧、慈悲、方便三解脱门之义，是指菩萨所修的三种法门，或指解脱至无余涅槃之空、无相、无愿等三种法门，象征"信、解、行"三者，但非必有三扇门，或仅一门。古来寺院多筑于山林之间，而山门则为寺院正面之楼门，因此称"山门"。后世寺院虽已渐渐移往平地，也泛称山门，自此也成为寺院的别称。

【正文】

佛门有谓："财入山门，福归施主。"山门即指寺院正面的楼门。古来因为寺院多筑于山林之间，因此称"山门"，后世寺院虽已渐渐移往平地，也泛称山门，因此成为寺院的别称。

传闻过去少林寺的山门只能进去不能出来，除非功夫高强能越过四周的高墙，否则不能走出山门。因此，山门是由凡入圣、由迷到悟、由暗到明，是世俗进入佛门的象征，为免入宝山空手回，因此学佛者应将习气留在山门外。

山门又作"三门"，代表信心门、智慧门、慈悲门。信门者，从佛而入也；慧门者，从法而入也；慈门者，从僧而入也，所谓三宝门中可入道，即此之谓也。

此外，"三门"象征信、解、行三者，或意含智慧、慈悲、方便三解脱门之义，并不一定有三扇门。三解脱门是菩萨进趣菩提所修的三种法门：

1.智慧门：知进守退为智，知空无我为慧；依智故不求自乐，依慧故远离贪着。

2.慈悲门：与乐为慈，拔苦为悲；依慈故施与一切众生安乐，依悲故拔除一切众生苦厄。

3.方便门：正直为方，外己为便；依正直故，生怜悯一切众生心，依外己故，远离供养恭敬自身心。

古代的丛林，山门入口一般均供着一尊笑脸迎人的弥勒菩萨，代表欢喜迎接信众来山。但是，如果遇到顽强众生，不受慈悲摄受，便必须以力量来折服他，因此进了山门，迎面有一座四天王殿，里面供奉四大金刚，或者伽蓝、韦陀菩萨。表示佛门虽然注重慈悲，但是慈悲要有力量。世间往往以强欺弱、弱肉强食，这时就需要金刚威严去对治魔道的猖狂。因此，修行的人除了要有菩萨的慈悲心肠，也要有金刚怒目的威势，要恩威并济、宽严合度，才能使正法久住。

【思考】

1. 试述"山门"的意义与象征。

2. 为什么山门入口处要供奉弥勒菩萨？

3. 寺院设立四天王殿的用意为何？

不二法门

慈悲真梵行，摄一切众生，

自利复利他，皆令得解脱。

——《大集会正法经》

【提要】

佛光山有个"不二门"，常有人问：什么意思？此"不二门"，乃取自于《维摩经》的"不二法门"之意。所谓"不二"，这是佛法上的出世法，佛法讲"烦恼即菩提"，理上是不二的。例如，原本酸涩的凤梨、柿子，经过和风的吹拂，阳光的照耀，就能成熟而变成滋味甜美的水果，可见酸即是甜，甜离不开酸。所以"烦恼即菩提"，这是出世法。我们可以用理来解事，可以因事而明理，能够"理事圆融"，那才是真正的"不二"。我们若能将"不二法门"的哲学应用在生活，自能"人我一如""自他不二"！

【正文】

不二本无门，二不二俱是自家真面目；

灵山称胜境，山非山无非我人清净身。

这是佛光山"不二门"两旁的对联。不二门意含"进入佛法堂奥，仅此一门，别无他途"。也有"真理是一，无二亦无三"之意。所以，"不二"含有"唯一的方法""一实的真理"之意。

"不二门"是"不二法门"的简称，出自《维摩诘所说经·入不二法门品》。此品大意：佛陀住世时，毗耶离国有一位长者名叫维摩诘，"虽处居家，不着三界；示有妻子，常修梵行"。是当时在家居士的楷模。

有一天，佛陀在毗耶离国庵罗树园说法时，得知维摩诘微恙，便派大弟子代表前往慰问，结果没有人敢承担此任。原因是大家都曾受过维摩诘的诘问，最后佛陀只得请智慧第一的文殊菩萨前往。大家一听，知道文殊菩萨与维摩诘两大士相会，必有一番精彩问答，因此纷纷随行前往。

果然，文殊菩萨一抵维摩诘住处，几番对答，彼此一来一往，精深奥妙，众等无不屏息静气，细细玩味。突然，话锋一转，维摩诘问道："诸位！菩萨是怎样进入不二法门的，依照各人所知，随便说罢！"

于是先后有三十一位菩萨，各就所见，回答这个问题。最后没有人再发言了，维摩诘遂问文殊菩萨说："文殊师利！菩萨是怎样进入不二法门的？"

文殊菩萨说："照我的见解，于一切法无言无说，无示无识，离诸问答，这才是入不二法门。"意思是说，一实妙道，不可以用推理、比较、归纳、演绎等方法去揣度探寻，须用直观体验，向内发掘，能够这样实践，才能够进入不二法门。

文殊菩萨说后，反问维摩诘说："现在换我来请问你，菩萨是怎样进入不二法门的？"此时维摩诘默然无对，众皆愕然，唯文殊菩萨智慧超人，懂得此中奥秘，乃向大家说："善哉！善哉！乃至无有语言文字，是真入不二法门。"

意思是说，不二法门离言绝相，如何可用语言表达？可用语言文字表达出来的，就不是真的不二法门了。所以维摩诘的"默然"，意味着无上妙道，不可以言说，不可以文诠，超越这些有形的障碍，直探本源，才是菩萨的入不二法门。

由于维摩诘这一"默然"的回答，蕴蓄着无穷的妙义，不但否定了前面三十一位菩萨的答案，连文殊菩萨的答案也给推翻了，而留下"维摩一默一声雷"的美谈。

【思考】

1. 试述本文之大意。

2. 何谓"不二法门"？

3. 叙述"一默一声雷"的由来。

大雄宝殿

天上天下无如佛，十方世界亦无比，

世间所有我尽见，一切无有如佛者。

——《瑜伽焰口》

【提要】

大雄宝殿，即是佛教丛林道场中供奉佛像的正殿。佛教的寺庙，不管大、小，大雄宝殿是不可少的建筑，里面供奉佛像，专供僧众早晚课诵，以及信徒礼佛诵经、法会共修的地方。"大雄"是佛陀的德号之一，因为佛陀具有大智力，能降伏魔障，能了生死、断除烦恼，故称大雄。

【正文】

一般寺院的大雄宝殿以供奉佛教教主本师释迦牟尼佛为主，也有供奉三宝佛者，即外加药师佛、阿弥陀佛；或以象征解行并重的大迦叶、阿难尊者侍立佛陀左右。也有供奉华严三圣——毗卢遮那佛、文殊菩萨、普贤菩萨；西方三圣——阿弥陀佛、观音菩萨、大势至菩萨；乃至十八罗汉、十二药叉、八大金刚等。佛像的材质虽有木刻、铜铸、陶塑、纸绘、玉雕，甚至有水泥、玻璃纤维等不同，但是在佛教徒心中的意义与价值则是一样的，都是代表一尊佛，是信仰的象征，而非膜拜偶像。

佛像的造型有立像，表示教化；有坐像，表示禅定；有卧像，表示福慧圆满。佛龛的设计，有靠壁型与海岛型两种，海岛型就是后面留有通道可供绕佛行走。绕佛时，视殿内格局而定，如果场地横宽者，可采双龙抢珠的方式，如果是大厦型（直长型），则需东西单合并，采单线绕佛。屋檐的设计也有北方的翘角式与南方的平台式之别。建材一般以仿古式的木材及现代化的水泥为主；木材防火性低，较不安全，水泥则又显得太过现代化了。不过目前又有更现代化的钢骨建材，它的好处是可免去柱子林立，可使殿内更宽敞，更能作整体性的规划。

殿内四周的墙壁，一般最常见的设计是罗列一排排的小佛像，也有彩绘佛典故事以为壁饰者，甚至古代丛林更有以整面落地窗作为墙壁的设计。进入大殿内，有的需要脱鞋，有的则免，一般视地板的质料而定，常见的地板以铺地毯、大理石、木板、塑胶地板、红砖等为多。当中，地毯容易藏污纳垢，较不卫生，大理石虽然清洗容易，却显得生冷坚硬，木材则容易生蛀虫，且冷缩热胀，日久容易变形脱落，尤其不耐潮湿，容易变黑，可谓各具优缺点。

殿内的陈设及佛前的供物，除佛经的十供养——香、花、灯、涂、果、茶、食、宝、珠、衣之外，也有在左右悬挂大钟鼓或幢幡等。一般而言，佛殿内，尤其佛前的供桌，不宜摆设过杂，以整洁明净为主，因此，除了一对佛前灯、三炷清香、一盆鲜花、四盘供果、三杯供茶之外，不宜多置余物。甚至鲜花也不必天天有，一者节省开支，再者可免花谢后造成的污染，尤其香炉上不要插满香枝，最好时时保持三炷清香，让袅袅清烟烘托大殿的清静装严、宁静祥和，乃至佛像也不宜太大，好让瞻仰者远远望去，感觉佛像如处云雾缥缈中，更觉佛陀的崇高伟大，而油然生起恭敬、景仰之情。

此外，灯光的明暗亦应合宜，并且要保持安静、整洁，不可在殿内戏笑、喧哗、躺卧、吃食等。总之，大雄宝殿内应该保持庄严肃穆、宁静祥和，使人一进殿内，自然生起虔诚敬仰之心。

【思考】

1. 供奉佛像的正殿为何称为大雄宝殿？

2. 大雄宝殿通常会供奉什么菩萨？

3. 大雄宝殿除了提供信徒礼拜外，还有什么功能？

卍　字

诸恶莫作，众善奉行，

自净其意，是诸佛教。

——《增一阿含经》

【提要】

卍字又作万字、万字。意译作吉祥海云、吉祥喜旋。为佛三十二相之一，八十种好之一。唐慧苑《华严音义》："卍本非字，周长寿二年，主上权制此文，著于天枢，音之为万，谓吉祥万德之所集也。"鸠摩罗什、玄奘将"卍"符号译为"德"字，强调佛的功德无量。卍之形，在古代印度表示吉祥之标志，另外"卍"通常也被视为太阳、电光、火、流水等之象征。在佛教，卍字为佛及十地菩萨胸前之吉祥相，其后渐成为代表佛教之标志。

【正文】

世界上各种宗教都有它象征性的器物或符号，以表达其中心思想。一般最常见到用以代表佛教的标志有：卍字、法轮、莲花、宝塔、光相、念珠、菩提树、曼陀罗、教旗等。其中，卍字经常引起一些非佛教徒乃至佛教徒的好奇与疑问："卍"到底代表什么意思？

"卍"为佛陀三十二相、八十种好之一，是显现在佛及十地菩萨胸臆等处的德相，乃汇集吉祥万德的表征；自古就是印度用以表示吉祥、清净、圆满的标相，及至后世，则与法轮同样被用为代表佛教的纹章，因此常见于佛教的建筑、用物，乃至佛教的纪念品，如项链、别针、贴纸等。

卍字音译为"万"，最初并不见于经传，直到武则天长寿二年（638年）才开始制定此字读为"万"，表示它是"吉祥万德之所集"，也就是表示吉祥、圣洁、功德圆满之意。

不过，由于过去德国的纳粹党亦以卐字为党徽，因此有人认为它是"斗争"的代号。事实上，纳粹党的卐字是斜着写的"卐"，跟佛教的"卍"字是不一样的，不过为了佛教的推展不致造成阻力，德国的佛教界还是尽量避免使用卍字。其实，纳粹党以类似佛教卍字的"卐"作为表征，是想利用和平的假象来做战争的掩盖吧！

"卍"本来只是一种记号，而非一字，历来之所以读为"卍字"，一方面是习惯使然，最主要的，则是因为从梵文翻译成汉文时的讹误所造成。

此外，由于受到右绕佛塔、右转法轮的观念影响，自古各种版本的藏经及佛书即出现"卍"与"卐"两种写法，彼此所坚持的，无非认为自己的写法才合乎右转之意。三十多年前，台湾地区佛教界许多长老大德，依旧各执己见。1963年6月，星云大师率团到印度朝圣，发现鹿野苑的一座圆形古塔，四周刻满整排的卍字，该塔系公元前三世纪左右阿育王时代的建筑物，是为了纪念佛陀昔时于此入定而建筑的。自此星云大师更加坚信自己一向的主张是对的，因为右转左转不是站在我们的位置来论定，应该依卍字本身的立场来转才对，因此这种写法的"卐"字才是真正的右转。至此，"卐"字的写法总算获得有力的佐证，而得以验明正身，还它本来面目。

因自古以来，代表佛教的标志就有卐字、法轮、莲花、宝塔、光相、念珠、菩提树、曼陀罗、教旗等多种，很难树立代表性。所以，佛教虽然是个崇尚自由民主的宗教，今后似乎仍应该结集，从中选择一种，让佛教的标志得以统一，而树立它的权威性。

【思考】

1. 常见的佛教标志有哪些？

2. "卐"字代表什么含义？

3. 你希望佛教以什么作为统一标志？为什么？

止观双修

修止令心调，心调离贪欲，

离欲得解脱，解脱心平等。

——《本事经》

【提要】

佛陀曾告诉我们："制心一处，无事不办。"心念不动，自然乾坤朗朗。念头有如一潭湖水，水波不生，自能映物；念头一动，波涛汹涌，自然无法照见自己的本来面目。所以，要时时把持正念、维护正念，最好能学习止观，"止"就是止息一切诸法妄念，为静态、消极性地不造作，为禅定门。"观"是观想缘境、观想光明，为动态、积极性地再用功，为智慧门。此两者如车之两轮、鸟之双翼，为求道者修禅发慧之要门。

【正文】

《修习止观坐禅法要》说："泥洹（涅槃）之法，入途乃多，论其急要，不出止观二法。"止观是修习定慧之方，是天台宗最重要的修行法门，舍止观不足以明天台道，不足以议天台教。

所谓"止观"，止是停止、止息的意思，停止一切心念而住于无念之中，也就是摒除一切的妄想，令生正定的智慧。观是观想、贯穿的意思，息灭散乱的妄想之后，进一步观想诸法，以发真智，彻悟诸法实相的本体。

换句话说，止就是止息一切诸法妄念，为静态、消极性地不造作，也就是禅定门；观就是要观想缘境、观想光明，为动态、积极性地再用功，为智慧门。此二者为求道者修禅发慧之门，相应不离，因此《修习止观坐禅法要》说："止是禅定之胜因；观是智慧之由借。"又说，"定慧二法，如车之双轮，鸟之双翼，若偏修习，即堕邪倒。"故知修习禅定必须与智慧相应，而定慧的修习则不出止观二法，故有"止观双修，定慧等持"之说。

修持止观法门有无限的妙用，其方法有三：

1. 渐次止观：即有次第的引导行者，由浅而深，渐次进入禅定观心的阶次。归纳起来可分为五重次第：先皈依持戒，其次修学禅定，再向上进入无漏道，脱离三界生死，又修慈悲门以行菩萨道，同时不忘更修观法，破除空假两边的执着，而证入实相无为道。

2. 不定止观：不分别阶位，有时修顿修渐，有时更前更后，有时修真修俗，互浅互深，或事或理，乃适应众生根器而开出的不定止观法门，但是仍以数息观为最主要的方法。

3. 圆顿止观：最初以实相为止观的对象，随着解行用力，而到达始终不二、圆融的境地。不同于前二者的修法，其次第为：发大心、修大行、感大果、裂大网、归大处等。此中所谓的修大行，主要的就是修学三昧，也就是天台另一种修持方法的四种三昧。

此外，根据《释禅波罗蜜次第法门》说，发心修习止观者，必须注意数事：

1.外具五缘：持戒清净、衣食具足、闲居静处、息诸缘务、近善知识。

2.诃责五欲：远离财、色、名、食、睡等。

3.弃绝五盖：舍贪欲、嗔恚、睡眠、掉悔、疑等。

4.善调五事：调食、调睡眠、调身、调息、调心。

止观虽是修习定慧之方，然而修习止观法门并非一定要在禅堂里闭目打坐，平时在忙碌的生活中，每日空出五分钟，静下心来，放松自己；乃至每个月有半天至一天的独处时间，让自己远离尘嚣，澄心静虑，身心安静，必能获得再出发的力量。因此，能够修习止观，对生活、事业将有莫大的裨益。

【思考】

1.何谓"止观双修"？

2.如何修持"止观"？

3.修持止观时，应该要注意什么？

左右胁士

多闻令志明，已明智慧增，

智者博解义，见义行法安。

——《法句经》

【提要】

丛林殿堂中间供奉佛陀，左边大迦叶尊者，右边阿难尊者，各代表行与解，多闻、理解和修行结合。有的大雄宝殿供奉的是毗卢遮那佛，左边是大智文殊师利菩萨，右边是大行普贤菩萨，这表示具足大行、大智，才能成就佛的法身。西方极乐世界阿弥陀佛，与左右胁士观世音和大势至菩萨，合称为"西方三圣"，表示有观世音菩萨的大慈大悲，和大势至菩萨的大喜大舍，才能成就"慈悲喜舍"四无量心，也就是无量寿阿弥陀佛的功德。

【正文】

目前台湾地区寺院林立，佛殿中供奉的佛像更是种类繁多，不一而足，最常见到的是三尊佛。所谓三尊佛，实际上是以中尊为主，左右二尊称为"胁士"；士者，乃菩萨的异译。不过，胁士并非一定仅限于菩萨，童子与罗汉也是常见的胁士，如：观世音菩萨左右的善财、龙女；不动明王两旁的制吒迦、矜羯罗二童子；释迦牟尼佛以大迦叶、阿难二声闻弟子为胁士；地藏菩萨左右为闵公、道明父子等。

一般最为大家所熟知的，仍以菩萨为主，例如阿弥陀佛的左右胁士为观音菩萨、大势至菩萨，称为西方三圣；药师如来与日光、月光二菩萨，或与药王、药上二菩萨，称为药师三尊；毗卢遮那佛与文殊菩萨、普贤菩萨合称华严三圣等。

胁士是表示中尊之德，例如释迦牟尼佛的左右胁士分别是苦行第一的大迦叶尊者与多闻第一的阿难尊者；佛陀是一位解行并重的圣者，大迦叶尊者和阿难尊者则代表行与解，把多闻、理解和修行合起来，就是释迦牟尼佛的圆满果行了。

华严三圣中的毗卢遮那佛是佛的法身，右边是大行普贤菩萨，左边是大智文殊师利菩萨，表示具足了大行、大智，才能成就佛的法身。

西方三圣中的观世音菩萨是大慈大悲，大势至菩萨是大喜大舍，能成就"慈悲喜舍"四无量心，就是阿弥陀佛的无量功德。

此外，观世音菩萨左右的善财、龙女；地藏菩萨左右的闵公、道明父子，乃表男女、老少平等的意思。

胁士另有协助中尊教化的意义，尤其像观世音菩萨、大势至菩萨为"补处菩萨"，也就是说，将来当阿弥陀佛入灭后，观世音菩萨与大势至菩萨将依序补位成为教主，因此含有传法、交棒的意义。更重要的，以上这些其实都是在启示我们，佛法是非常重视"行解并重""知行合一""福慧双修"的，除了慧解以外，平常的修持实践也不可忽视，如人之眼足，要相辅相成才能功果圆满。

【思考】

1. "胁士"具有哪些意义？

2. 试举佛教三座丛林殿堂各供奉哪三尊佛？各代表什么含义？

3. 请分享读后心得。

出　坡

世间诸果实，皆由精进生，

精进尊贵本，应当勤勇猛。

——《大乘理趣六波罗蜜多经》

【提要】

丛林生活教育，非常重视出坡作务，进来的人，无论你过去是高官厚爵或是何方名媛显贵，一切世俗名利都要放下，派你煮饭就煮饭，要你担水就担水，一切随缘随喜，信受奉行。唐朝的马祖道一禅师初创丛林，他的徒弟百丈怀海禅师制定丛林清规，即是有名的"百丈清规"。百丈禅师提倡"一日不作，一日不食"，建立僧团修行的榜样，也说明搬柴运水无非是禅的修行生活。

【正文】

出坡又称普请、普坡劳作，指禅林中从事作务劳役时，普遍邀约大众，上下合力进行劳作的规制。此制在唐代即行于各地，内容包括：搬柴运水、打扫环境、摘花采茶、农作收成、工程建筑、晒诸藏经及各种劳动身体的工作等，皆为普请的事项。

出坡时，上至和尚，下至各寮行单，除公务外，一概皆到坡场，充分表现出僧团集体创作、自食其力、民主平等的精神。

出坡在佛教也是一种修行、一门功课，从出坡中可以了解工作的神圣，服务的伟大，体会自己是个有用的人。过去许多古德高僧都是从出坡作务中成就的，譬如禅宗六祖惠能，就是从春米房中春出他的真如佛性，法远禅师在汝州叶县广教院为饭头僧，受种种折磨而悟道。

百丈怀海禅师在丛林清规普请之法中说："列队前往出坡地点，往返途中，不得闲语嬉笑、懒散游逛、交头接耳，必须同去同回，不得私自溜走，于坡场作务皆应勤劳勇猛。"可见出坡不同于世俗的劳动，出坡乃禅宗提倡的多种"悟道"方法中，极为独特的一种修行。

今之出坡已由全寺大众扩及信徒义工，甚至内容也随着时代变迁而多样化，譬如杂志出刊时套杂志，举办活动时布置会场、行堂典座、茶水服务、引导入座等，乃至过年前清洗佛像、打扫寺院环境等，都需要征求众多信徒参与出坡，以便让僧众有更多的时间投入社会的弘化工作。

信徒参加出坡，不仅是护持道场的表现，也可以从工作中广结善缘、开发智慧、累积经验、学习成长，是增长福慧的最好修行。佛世时须达长者不但奉献祇园精舍，请佛陀驻锡教化，并且每天都要到精舍洒扫塔院，维护精舍的洁净，他这种以寺为家的精神，正是佛教徒护持道场的最佳典范。

【思考】

1. 试述"出坡"的用意。

2. 为什么出坡也是一种修行和一门功课？

3. 请分享出坡的心得或趣闻。

西方三圣

世界何缘称极乐，只因众苦不能侵，

道人若要寻归路，但向尘中了自心。

——《三时系念净土诗》

【提要】

《阿弥陀经》说，如果有人发愿往生，只要一心称念阿弥陀佛名号，念到一心不乱，临命终时，必蒙阿弥陀佛及诸圣众手执莲台，接引往生，因此净土信仰自古即深入民间，西方三圣的阿弥陀佛与观世音菩萨名号也牢牢深植人心，因此有"家家弥陀佛，户户观世音"之说。反之，因为阿弥陀佛与观世音菩萨普为民间所信仰，因此促使净土思想历久不衰。西方三圣与净土法门关系之密切，由此可知。

【正文】

在佛教的诸多净土中，西方极乐世界普为信徒所熟悉，并且发愿往生，其国教主阿弥陀佛，身旁有两位胁士辅佐教化，一位是代表慈悲的观世音菩萨，一位是代表智慧的大势至菩萨，三者合称西方三圣。观世音菩萨与大势至菩萨又称为补处菩萨，未来他们将依序递补阿弥陀佛，先后成为极乐世界的教主。

极乐世界是阿弥陀佛于因地修行时，发了四十八大愿所庄严成就的，此事详载于《无量寿经》，此经与《观无量寿经》《阿弥陀经》合称为净土三经。其中《阿弥陀经》描述了极乐世界种种殊胜庄严，堪称为极乐世界的导览手册。

观世音菩萨为何名为"观世音"，为何能化身千百亿，并且具有大威神力，能够游诸国土，寻声救苦，度脱一切众生？这些问题在《妙法莲华经·观世音菩萨普门品》中可以获得解答。由于观世音菩萨普为世人所信仰，因此"观世音菩萨普门品"早就被印成单行本流通，而且成为一般佛教徒早课的课诵内容。

另外，在《悲华经》里则记载着，过去阿弥陀佛在因地修行时，出生为一位国王，观世音菩萨是国王的第一太子，名叫不恂，出家后号观世音，因弥陀教导成就千手千眼，助佛教化，成佛后将名为"一切光明功德山王如来"。不过，根据《大悲忏仪》上说，观世音菩萨其实早已成佛，名为"过去正法明如来"，只因不忍见众生受苦，因而倒驾慈航，再返娑婆，宣说佛法，今人则以"慈航普度"来赞仰观世音菩萨的慈悲及伟大行仪。

在西方三圣中，大势至菩萨显然比较不为一般信徒所熟悉。根据《悲华经》说，在阿弥陀佛成佛以前，大势至菩萨就曾与观世音菩萨共同担任阿弥陀佛的侍者，可见西方三圣的渊源极为深厚。

此外，根据《楞严经》记载，大势至菩萨在因地修行时，以念佛三昧而证得无生法忍，因此他也以念佛法门来教导众生，并以此摄受娑婆世界的念佛众生归入净土。由此可知，称念阿弥陀佛名号，得以往生西方极乐世界，如果一心称念"观世音菩萨"或"大势至菩萨"的名号，一样能够往生西方。大势至菩萨所开示的法门是："都摄六根，净念相继，得三摩地，斯为第一。"这种法门，已成为净土行者的重要准则。

【思考】

1. 西方三圣是指哪三位圣者？

2. 请描述极乐世界的种种殊胜庄严。

3. 为什么一心称念"观世音菩萨"或"大势至菩萨"也可以往生西方？

回　向

不为自身求安乐，但愿众生得离苦，

此人回向得究竟，心常清净离众毒。

——《华严经》

【提要】

回向又作回向、转向、施向，是把一切善根功德，与一切众生分享，感激一切众生对我的护持。"回向"有回转趣向的意义，从某处回头趣向更殊胜的境界。日常生活中，时时都能实践回向，例如一碗饭自己吃固然津津美味，与人共用，更有味道；一片花园独自观赏固然赏心悦目，与人共同浏览，别有一番情趣。课诵或法会结束时，唱诵佛光四句偈，回向祝福法界众生都能具备慈悲喜舍、惜福结缘、平等忍、惭愧、感恩、大愿心等美好特质。

【正文】

常有一些学佛不久的信徒问到一个问题：自己功行不深，修行的功德有限，可是每天课诵后都要把功德"回向"给别人，如此一来自己的功德岂不所剩无几？

其实，回向是佛教极为殊胜而独特的修行法门，回向的原理正如手拿一根蜡炬去引燃其他的蜡烛，不但原来的蜡烛本身的光未曾减弱，反而因为其他蜡烛的光光相照，而使室内更为光明、更为明亮。所以，回向愈多，不但自身的功德未曾减少，而且能利益更多的人，功德也就更为殊胜。

因此，回向有寄存和分享的意义：

1. 寄存：累积修行功德，以期成就佛道；将修行的功德，寄存佛国的福田库。

2. 分享：普将功德法益，均沾法界众生；将功德法益，普遍分享一切众生。

回向的种类，根据诸经记载，归纳成六种：

1. 回事向理：将所修千差万别的事相功德，回向于不生不灭的真如法界理体。

2. 回因向果：将因中所修的一切功德，回向最高无上的佛果。

3. 回自向他：将自己所修的一切功德，回向给法界一切众生。

4. 回小向大：将自觉自度的小乘之心，回向转趣于大乘的自利利人。

5. 回少向多：善根福德虽少，以欢喜心广大回向，普摄一切众生。

6. 回劣向胜：将随喜二乘凡夫之福，回向欣慕无上菩提。

回向是实践“自他两利”“怨亲平等”的大乘菩萨道的最佳法门。因为回向的对象可以广及法界一切众生，甚至可以回向给冤亲债主，可以化解恶缘为善缘、化解阻力为助力。因此，回向是“无缘大慈、同体大悲”的精神体现，唯有了悟“人我一如，怨亲平等”精神的人，才能回向。所以一念回向心，为菩萨一切行中推为上首。因此，无论修什么行门，做什么功德，皆应回向。

【思考】

1. 试述回向的意义与利益。

2. 生活中，你如何实践回向？

3. 请分享读后心得或撰写一篇读后感言。

如是我闻

有信无智，增长愚痴，

有智无信，增长邪见。

——《大毗婆娑论》

【提要】

《大智度论》云："佛法大海，信为能入。"佛陀入灭之际，阿难曾请示佛陀，未来经典的结集如何才叫人起信？佛陀嘱咐，经藏之卷首必须置有"如是我闻"，以区别外道的经典。如是，指经中所叙述之佛陀之言行举止；我闻，则指经藏编集者阿难自言听闻于佛陀之言行。又"如是"意为信顺自己所闻之法；"我闻"则为坚持其信之人。

【正文】

佛陀临入涅槃时，阿难尊者曾代表大众向佛陀请示四个问题，其中提到一个问题："佛陀住世时，佛陀的言教大家易生信解，佛陀涅槃以后，经典的结集如何才能使人起信呢？"

佛陀说："在一切经典的经首加上'如是我闻'一语。"这便是今日一切经典以"如是我闻"开头的由来。

"如是我闻"实际上具有三个作用：

1. 断三种疑惑：阿难尊者是佛陀的侍者，具有三十二相，状似佛陀。佛灭后，经典结集时，大众公推阿难为首，由他宣诵佛陀的言教。当阿难登座宣诵时，大众一时议论纷纷，有人以为佛陀并未进入涅槃，佛陀又再登座说法了；有人则认为是他方世界的佛来说法，甚至有人认为阿难也成佛了。为了断除大众这三种疑惑，一句"如是我闻"，即表示我是阿难，我是如此这般从佛陀那里听来的，我所说的每一字、每一句，都是佛陀所开示的教法，并非我阿难成佛了，也不是他方佛说法。

2. 息争："佛以一音演说法，众生随类各得解。"众生根基不同，对佛陀教法的理解、领悟各有差异，为免大众日后对经典内容产生歧见，一句"如是我闻"，即代表佛陀的言教，可免除大众因各执己见所造成的纷争。

3. 异邪：佛教的经典如何与外道区别？一句"如是我闻"，即明白表示这是佛教的经典，不同其他宗教，可帮助信徒有以遵循。

"如是我闻"说明：学佛必须要听经闻法，并且要听闻正法。此外，学佛更重实践，因此经典的最后总以"信受奉行"结尾，表示解行要并重，解与行如鸟之双翼，如车之双轮，缺一不可，因此学佛要"如是我闻"，更要"信受奉行"。

【思考】

1. 为什么佛教经典的经首皆以"如是我闻"作为开头？

2. "如是我闻"具有哪三个作用？

3. 为什么"如是我闻"与"信受奉行"缺一不可？

第九章

南　无

> 若人散乱心，入于塔庙中，
>
> 一称南无佛，皆共成佛道。
>
> ——《妙法莲华经》

【提要】

南无，意译作敬礼、归敬、归依、信从等。原为"礼拜"之意，但多使用于礼敬之对象，表归依信顺，含救我、度我、屈膝的意思。如称南无三宝，表示归依佛法僧三宝的意思。如称南无阿弥陀佛、《南无妙法莲华经》等，将"南无"两字冠于佛名或经名前，亦表归依的意思。有时候我们自觉力量不够，希望有大力的人为我们所依。有的人以财富、权位、亲眷、鬼神为皈依处，终归消散；若依靠佛法僧三宝，就能得到精神升华的安稳。

【正文】

常见寺院法会共修中，信徒在称念佛号时一般都会加上"南无"二字，如"南无阿弥陀佛"。一些非佛教徒不懂，因此从字面上直译为"南方没有阿弥陀佛"（因为阿弥陀佛是西方极乐世界的教主）；也有人翻成"南方的阿弥'驮'佛到西方去"；甚至有人误以为"南无"就是一尊佛号，这些都是由于不懂而闹出的笑话与错误。

其实"南无"是梵语，正确的读音是"na mo"，所谓"若人散乱心，入于塔庙中，一称南无佛，皆共成佛道。""南无"意译为恭敬、皈依的意思，即恭敬皈依阿弥陀佛。皈依是信仰佛教的初步，一个人对佛教有了信仰，必须经过一个仪式的证明——三皈依。

"皈"同"归"字，有反黑为白的意思，在未接受佛教以前，是以世间心行世间事；接受佛教以后，是以真善美的心去行真善美的事，因此，皈依有使人心向善的作用。

皈依是以整个身心去信仰佛法僧三宝：依佛与僧的无上道德、智慧为我们做人的模范；以法所启示的道理，作为我们处事的轨则。依仗三宝就好像子依母、民依王、怯依勇、跛依杖、溺依船。我们的身心有所皈向，生命就有了依靠，精神就可以提升。

皈依是要尽形寿，而非一时的；皈依是要皈依佛、皈依法、皈依僧三宝，因此叫三皈依。社会上有些人对皈依有不当的理解，以为只要：

一皈：只知拜佛或听经闻法，或恭敬出家法师。

二皈：只知拜佛、诵经，不敬僧宝；或只信其中两者。

三皈：虽知拜佛、闻法、敬僧，但却只认定证盟法师为师。其实，皈依僧是皈依僧团，而非只拜一个师父。

佛如良医，可以诊疗众生各种不同的烦恼病；法如妙药，可以启示我们人生的正道，指导我们如何离苦得乐；僧如看护，可以引导我们正信。皈依三宝，我们的身心才能平安快乐，因此皈依时三者缺一不可。

皈依佛法僧三宝以后，进而要皈依我们的自性三宝：

1. 自性佛宝：念念觉悟道理，不生迷惑，是皈依自性佛宝。

2. 自性法宝：念念守着正当道理，不起各种邪见，是皈依自性法宝。

3. 自性僧宝：念念清净，不贪可爱之物或境界，是皈依自性僧宝。

对三宝认识以后，信仰才有一定的标准与对象，才不会盲修瞎练，走入歧途。

【思考】

1. 略述"南无"所代表的意思。

2. 试述"皈依"的用意为何？

3. 何谓"自性三宝"？

信解行证

以深意乐摄律仪，闻甚深经能信解，

敬初发心如佛想，慈心普洽障消除。

——《妙慧童女经》

【提要】

人生在求学的阶段，分小学、中学、大学。学佛亦然，首先须信乐佛法，其次了解佛法，进而身体力行，最后证悟其果。信、解、行、证并非单线的次第，而是一种循环的效应。我们由正信，生起清净的心，而求慧解，经由实践，得到证明，印可真理的妙用；而后增加信心，再求深入的理解，更借着履行反省，获得真理的印可，又增胜净信；如是周而复始，不但能使我们在现实世界中安顿身心，又能开拓我们的智慧领域，提升我们的生命品质，净化我们的身心。

【正文】

佛经里有一则譬喻说，有一个旅人长途跋涉，饥渴交迫，好不容易找到一池湖水，但是却望而不饮。因为他认为这么大的一湖水，如何饮得尽，因此索性不喝。这个譬喻是讽喻有一些佛教徒，自觉根基浅陋，对于佛道长远，无法有成，因而却步不前。

事实上，佛教八万四千法门，门门都是得度之道；佛法虽然浩瀚深广，初学佛者欲一窥佛法堂奥，可以从信、解、行、证四个次第来实践佛法，只要依此循序渐进，必然有成。

1. 信：信心是成就一切事情的根本动力，有了信心才能产生勇往直前的力量，信心就是肯定目标、凝聚力量的泉源。一个团体要彼此互信才能团结兴隆；一个家庭要彼此互信才能和乐幸福；朋友之间要彼此互信才能深交；对自己要有信心，才能有所作为。此外，学佛要有坚定的信仰，才能获得法益，所谓"佛法大海，唯信能入"，因此学佛的第一步要皈依三宝，这就是确定信仰的表示。

2. 解：佛教是智信之教，不是盲目信仰，因此学佛的第二步必须理解经教，也就是要了解佛陀所说的教法为何？为什么要信仰？信仰对我有何利益？而要了解经教必须听经闻法，同时要有正确的心态，所谓"如地植于种，如器受于水，应离三种失。"也就是说，听经闻法不能用轻心、慢心，不能有成见、邪见，更不能有妄想、杂念，应该用庄重心、恭敬心、谦卑心、虔诚心、柔软心、清净心，如此才能在心田里广植菩提种子。

3. 行："说道一丈，不如行道一尺"，学佛必须要能修行，否则"说食不能当饱"。修行就是依照佛陀的教法去修正自己的行为，譬如将过去的贪心、嗔恚、愚痴，转化为喜舍、慈悲、明理，所谓"勤修戒定慧，息灭贪嗔痴"。要受持五戒十善、奉行六度万行，要把慈悲、布施、明理、感恩、精进、知足、自在等佛法实践于日常生活中，如此才能得到佛法的受用，因此学佛要解行并重。

4. 证：涅槃解脱，是修行的最后目标，也是证悟的境界。涅槃不是死后才能证得，如果我们能对忧悲苦恼的事淡然处之，能随缘自在、不患得患失，能处难不觉难、处苦不觉苦，能勘破生死一如、来去自在，当下就是证悟解脱的世界。所以，不管是顿悟还是渐悟，都是从平日的"小悟"所成就的解脱境。学佛不必将证悟寄托在未来，重要的是，自己每一天是否都能有一点小悟，尤其是否能发恒常心，永不退转，因为"善心易发，恒常心难发"，学佛唯有不忘初心，勇猛精进，如此才能战胜烦恼魔军，才能解脱证悟。

【思考】

1. 学佛须依哪四个次第来实践佛法？

2. 为什么学佛的第一步要皈依三宝？

3. 试述信仰让你改变了什么？

食存五观

人当有正念，于食知止足，

亦不遭苦受，易消而增寿。

——《阿毗昙毗婆沙论》

【提要】

饮食是人生不可缺少的资粮，民以食为天，假如没有饮食，人就无法生存，因此我们"吃现成饭，当思来处不易；说事后话，唯恐当局者迷"。古人说："一粥一饭，当思来处不易。"所以，进食时，应存有惜福、感恩、精进、平等、惭愧、忍耐等五种心。思惟自己的道业，能够怀抱这样的心情，自然每餐饭都能吃出禅味，吃出自在。

【正文】

出家人的生活中，行住坐卧无一不是修行；就是最平常的穿衣吃饭，也都是在修行。

吃饭的时候，必须作五种观想。有些寺院用饭的斋堂，就叫作五观堂。

什么是五观？

1. 计功多少，量彼来处：我们想一想，每一种农作物都必须经过农夫的播种、灌溉、除草，以及收割，然后由商人贩卖，再经厨师洗好米，煮成饭后，才能送到我们面前来。而且农夫、商人、厨师在工作上所用的器具和生活上所需的衣物等，又须另一批人供给。"佛观一粒米，大如须弥山"，一饭一菜，来处不易啊！

2. 忖己德行，全缺应供：吃饭的时候，应该反省自己的所作所为，甚至起心动念，是否合乎道德的行为？能受得起信施的供养吗？

3. 防心离过，不生嗔爱：所谓离过，就是离三种过失。吃饭时，不应该起贪嗔痴的心念，进而要生起慈悲、喜舍、智慧的心来。

4. 正事良药，为疗形枯：人生在世，饥渴难免。为了借假修真，吃饭吃菜等于吃药一样，对于饭菜的好坏、净秽、多少等，不可以起分别心。

5. 为成道业，应受此食：为了现前能精进修行，以期未来成就佛道，弘法利生，所以才接受饮食。

以上所举五观，虽是僧伽生活，但在家信徒也应该作如是观。因为如此，才能做到上报四重恩，下济三途苦。

【思考】

1. 什么是"食存五观"？

2. 为何说出家人行住坐卧都是修行？

3. 试撰写一篇读后心得。

行脚云游

如来坐道场，所得微妙法，

若人能参学，是真供养佛。

——《华手经》

【提要】

自古佛教僧侣行脚云游各地，遍参天下的善知识，借以增长自己的见解，究明迷悟等生死大事。类似今日所谓的"游学"。参访并非观光，不能只以旅游为目的，要从中汲取人生经验，升华自我，甚至找到自己。古代的禅者，他们行云流水似的各处行脚、参访、教化，那种随遇而安，随缘度化的风采，为人间树立圣贤的典范。

【正文】

一钵千家饭，孤僧万里游；

为了生死事，乞化度春秋。

这首诗偈道尽了禅师们安贫守道的高旷禅风。

自古以来，出家人三衣一钵、竹杖芒鞋，到处参访，随处行化，他们不是为了吟风赏景，而是为了寻找一个重要的东西，就是"道"；

访道，就是他们的风姿。他们游化十方，居无定所，就像行云流水一样，悠然自在，因此称为"云水僧""游方僧""行脚僧"。

禅师们的云水行脚，另有一种潇洒风姿，他们来去无碍，不沾不滞，对自己的故乡不留恋，对风景际遇也不执取，视大千世界、万事万物如雪泥鸿爪，一点不留痕迹。例如唐朝有名的马祖道一禅师，他回到家乡，遇到一个在溪边洗衣服的老婆婆唤他"小三子"，马祖道一不禁感叹说："为道莫还乡，还乡道不长，溪边老婆子，唤我旧时名。"

马祖道一禅师住在江西，当时各地学禅的人，都风起云涌到江西去访道；另外，湖南有个石头和尚，也是当时众望所归的禅师。由于当时天下僧侣不是到江西参访马祖道一，就是到湖南参访石头希迁，因此称参禅的人叫作"走江湖"。"江湖"这两个字，本来指江西马祖道一禅师和湖南石头希迁禅师，沿用到后来，也称那些浪迹四方以杂技谋食者为"走江湖"。其实，"走江湖"指的就是过去禅者的云游参访。

云游参访，是出家人自利利他的最佳修行，一方面行脚参学，砥砺身心，游化十方，弘法利生。在行脚云游的同时，到处托钵化缘，接受信众的布施供养，作众生的福田，并且以佛法回馈众生，如此不但自身道业得以增长，同时也达到弘法利生的目的。因此，出家人又称"乞士"，上乞诸佛之理以养慧命，下乞众生之食以养色身。

《金刚经》经首记载："尔时世尊，食时着衣持钵，入舍卫大城乞食，于其城中，次第乞已，还至本处，饭食讫，收衣钵，洗足已，敷座而坐。"可见佛教的生活是以托钵行乞为开始，行脚托钵乃是佛教的传统。

在过去，由于佛陀从南到北行脚托钵，讲经说法，佛法才传遍了五印度，虽然今日由于时代背景不同，出家人的生活形态不再以行乞为生，然而佛光山本着"继承佛教传统，延续现代步伐"的理念，数度举办行脚托钵活动，希望以托钵说法来净化人心，以行脚修持将佛法的光明遍布世间，期能走出国家富强的道路、走出人间光明的道路、走出佛教兴隆的道路、走出佛子正信的道路，以光大佛陀遗教。

【思考】

1. 试述"行脚云游"的目的。

2. 为什么参禅的人，又叫作"走江湖"？

3. 为何说云游参访是出家人自利利他的最佳修行？

4. 请分享你印象最深刻的一次行脚或参访之旅。

寺院庵堂

当于众生平等想，慎勿妄起我人心，
常乐多闻持禁戒，捐弃舍宅坐道场。
　　　　　　——《大宝积经》

【提要】

佛教修行者的修道场所，现在均以"寺院庵堂"作为佛教的专用名称。自古以来，寺院可以供给远方的人士挂单住宿，就像简便的客栈一样，方便行商过旅。寺院又像集会所，供给社区联谊，团体开会，促进人与人之间的情感。甚至当你心情烦闷，事业挫折，感到人生不顺遂的时候，进入寺院礼拜、静坐、沉思一番，它就像加油站一样，为你加足了汽油，让你走向更远的人生旅途。

【正文】

修道者修行的场所，道教称为庙、宫、观、殿、坛等；佛教则称为寺院、庵堂、道场、精舍、讲堂、伽蓝、兰若、丛林、莲社、佛刹、学舍、念佛会、布教所、居士林等，一般即以"寺院庵堂"为佛教的专用名称，不过亦有称佛教道场为"寺庙"者，由此可见中国佛道不分的民间信仰，根深蒂固。

"寺院庵堂"的由来与定义如下：

寺：本为我国古代接待宾客的官署，如鸿胪寺、太常寺等。西域僧侣迦叶摩腾、竺法兰至我国时，朝廷使其暂居于寺，后又择郊外建白马寺使两人安居于此寺，因此白马寺是中国佛教史上的第一座寺院。

院：原意为周围有垣，转称为周垣或指回廊之建筑物；或指官舍等。直至唐代，因唐太宗敕令建造大慈恩寺供玄奘大师做译经之处，名为翻经院，自此成为佛教建筑物称为"院"的滥觞。今有译经院、戒坛院、讲经院等，一般以侧重文教方面者，称之为"院"。

庵：古作"庵"，又称草庵、蓬庵、庵室、茅庵、禅庵，是指出家者、隐遁者远离村落所居住的简陋草庵。后世特称比丘尼所居住的地方为庵、庵寺，然而庵寺一词，原本通指僧或尼所居之寺，并不限于比丘尼所住之寺。

堂：又称殿堂，指供奉安置佛像，或者作为讲经修行等用途之建筑物，与塔同为构成寺院主体的建筑。殿堂与塔寺，合称堂塔，命名方式依安置的诸佛菩萨而名称各异，例如普贤殿、地藏殿；有的用来安置祖像及遗骨，例如舍利殿、开山堂；也有的依日常生活所需而设，例如斋堂、客堂、茶堂等。

近年来，随着佛教的积极走入社会，佛教的弘法空间随之扩大，小至乡村小镇的露天广场，乃至学校机关的大礼堂，甚至国家殿堂都可听经闻法。但是，寺院永远是信仰的中心，是力量的源泉，它是善友往来的聚会所，是人生道路的加油站，是修养性灵的安乐所，是去除烦恼的清凉地，是亲近法宝的百货店，是悲智愿行的学习处，因此身为佛教徒，应该多多亲近寺院，好好护持道场。

【思考】

1. 试述"寺院庵堂"的由来与定义。

2. 你觉得寺院是一个什么样的地方？

3. 略述佛教与道教之修行场所，最大的不同处。

佛陀十号

如来无亲无诸怨，无有诸忧无欢喜，

能救世间如良医，于世行慈无分别。

——《佛说法集经》

【提要】

十方三世一切诸佛，由于应化不同，各有别号，然而诸佛具足一切智慧、德行，无有差别，所谓"佛佛道同"，故有十种尊号，为诸佛的通号，称为"佛陀十号"。佛陀三觉圆满，万德具足，为世间、出世间一切凡圣所共尊。从这些名号中，也可以进一步认识佛陀的崇高伟大，乃至"是心念佛，是心作佛"，以报答佛陀的恩德，这才是我们称扬佛陀名号的积极意义。

【正文】

佛陀是宇宙人生的大觉者，功德巍巍，世人为称扬佛陀的伟大，而立种种异名。一般最通用的尊号有十一种：如来、应供、正遍知、明行足、善逝、世间解、无上士、调御丈夫、天人师、佛、世尊。诸经论中，有将善逝、世间解合为一号的，有将世间解、无上士合为一号的，有将无上士、调御丈夫合为一号的，称为"佛陀十号"。

其意义分别是：

1. 如来：如者，不变之体；来者，随化之用。佛陀以如实之智，乘如实之道，来成正觉；且能如实为众生指示解脱之道，故名如来，从如如自性而来之意。

2. 应供：佛陀断尽三界内外一切烦恼，智德圆满，所以应受十方众生以饮食、衣服、卧具、汤药、幢幡、宝盖、香、花、灯、果等最庄严具礼敬供养，故名应供。

3. 正遍知：佛陀所证得的智慧正真而又圆满，周遍含容，无所不包，例如悉知十方诸世界的名号及众生的名号、先世因缘、来世生处，以及一切心相、结使、善根等宇宙诸法，所以称为正遍知。

4. 明行足：明者，指宿命、天眼、漏尽等三明。行者，指身、口二业。佛陀具足三明，二业圆满无失，故称明行足。

5. 善逝：佛陀的正智能断诸惑，妙出世间，往至佛果；亦即如实去往涅槃彼岸，不再退没于生死之海，故名善逝。

6. 世间解：佛陀遍知众生世间、非众生世间的一切相状，而且能如实了知世间的非有常、非无常、非有边、非无边、非去、非不去等；能解世间一切事理，故名世间解。

7. 无上士：佛陀的智慧、禅定、戒行等一切智德圆满，福慧具足，于人中无有过之者，所以称为无上士。

8. 调御丈夫：佛陀善于运用各种方便权巧化导众生，令得今世乐、后世乐，乃至涅槃乐，故名调御丈夫。

9. 天人师：佛陀善于教导众生何者应作、不应作，何者是善、是不善，如果众生能依教而行，不舍道法，就能解脱烦恼。而在一切众生中，天、人二者较容易趣向佛道，得度者较多，因此以天、人为代表，故称佛陀为天人师。

10. 佛：觉者之意。佛陀具足自觉、觉他、觉行圆满，如实知见一切世间、出世间法，成就无上正等正觉的大圣者，故称之为佛。

11. 世尊：佛陀具足一切功德，殊胜圆满，为世间最尊贵的圣者，故名世尊。

【思考】

1. 佛陀有哪些尊号？

2. 承上题，试述这些尊号的意义。

3. 请分享一则佛陀运用方便权巧化导众生之事迹。

佛智如海

一切有情入佛智，以性清净无别故，

佛与众生性不异，凡夫见异圣无差。

——《大乘理趣经》

【提要】

佛的智慧如海之深广无边不可测量，佛教也经常用海洋来比喻佛法，例如"佛法大海，唯信能入，唯智能度""心如大海无边际，广植净莲养身心""深入经藏，智慧如海"等。佛教将三藏经典，称为"藏海"，甚至将人心比喻为"心海"，主要的就是勉励我们，要有宽阔的心胸，要有如海一般的心量。

【正文】

我们凡夫因为没有大智慧，所以不能了解佛陀的全知全能。

有一次，佛陀行化在各方的时候，遇到了两个商人，商人便问佛陀说："沙门，我们丢了一匹骆驼，你看到了吗？"

佛陀问他们说："那匹骆驼是不是左眼失明，左脚跛着，前面的牙齿也断了呢？"

商人一听很高兴，他说："对了，那一匹骆驼正是我们的。"

佛陀就对他们说："可是我没有看见那一匹骆驼。"商人觉得很怀疑，就问佛陀说："你对于骆驼的形状知道得那么详细，为什么说没有看见呢？那么一定就是你偷去了！"

商人就把佛陀带到法院里去。判官听过商人的话后转问佛陀说："你为什么知道骆驼的左眼失明呢？"佛陀回答他说："我知道的，因为我看见马路右边的草有骆驼啃过的痕迹，所以我想那一匹骆驼的左眼一定是失明了。"

判官再问佛陀说："你为什么知道骆驼的左脚是跛着呢？"佛陀回答他说："我看见马路上骆驼的足迹，是右脚深而左脚浅，所以我想那匹骆驼的左脚一定是跛着。"

判官继续问佛陀："那么，你怎么知道那一匹骆驼的前面的牙齿是断了呢？"

佛陀再回答判官说："我看到骆驼啃过的草中央都留一小撮，因此我想这一匹骆驼中央的牙齿一定是断了。"

佛陀这么一讲，那两个商人都默然无言。佛陀继续说："商人，你们不必挂念，那一匹骆驼一定不是被人家偷去的，因为我看到马路上的骆驼足迹旁边并没有人的足迹。"

一直在那里倾听的判官，这时再开口了，他说："商人们，偷骆驼的绝不是这位沙门，你们不要用那浅薄的知识来怀疑人家。像佛陀深如大海的智慧，是我们凡夫所猜测不到的。"

佛陀的智慧经过百千万劫修行，实在是无所不知、无所不晓的。

【思考】

1. "佛智如海"的意义为何？

2. 为什么佛经喜欢用"海"来比喻佛法？

3. 试举一则故事或譬喻说明"佛智如海"。

明心见性

如人梦中饥所逼，纵食百味饱何有，

了斯梦相本来空，诸法自性亦如是。

——《大乘集菩萨学论》

【提要】

禅宗讲"明心见性"，就是要我们明白自己的心，要清楚当下的每一刻，时时看照自己的内心，不要让"它"自由出入，不要被"它"奴役，要时时刻刻观照、明心，用正见、正思来对治，宁可没有心外的知识，却不能没有内心的悟道。所以，智慧不从外求，而是要从内心去开发。

【正文】

禅宗古德穷究一生的岁月，不惜生命，跋山涉水到处参访名师，寻找善知识，虽历尽艰难，吃尽苦头也毫无怨言，其目的无他，就是为了要明心见性，成佛悟道。

什么是"明心见性"呢？

所谓"心"者，中峰国师说："心有多种，曰肉团心，乃现在身中父母血气所生者是；曰缘虑心，即现今善恶顺逆境界上种种分别者是；曰灵知心，是混千差而不乱，历三际以靡迁，炳然烛照，卓尔不群，在圣不增，在凡不减。处生死流，骊珠独耀于沧海；居涅槃岸，桂轮孤朗于中天。"

"性"者，是不变的意思。指本来具足的性质、不受外界影响改变的本质，也就是遍布于宇宙中真实的本体，是一切万有的根源。性又作佛性、法身、自性清净身、如来性、觉性，是佛的本性、众生成佛的觉性。

"明心见性"的意思，是要我们能清清楚楚明明白白地知道，自己当下的起心动念和种种思想心念的变化过程，所以说要明悟自心，才能彻见本性而成佛道。

佛经里譬喻我们的心如一面镜子，若镜子明亮，其功能可以照见万物。但如果明镜被如尘沙般的烦恼给蒙蔽了，则不能照见真实的东西；经中又譬喻心像藏宝盒一样，储藏许多稀世珍宝，取之不竭，用之不尽；但是我们的心也常常被贪嗔无明等烦恼病毒侵入，不得自在。

众生因不能确切地了解自己，认识自己，所以常常听到有人感叹：心中有话口难开，心里有苦人难知，心在何处难寻找，心是什么难捉摸，心生万物随识现，心病还要心药医！

怎样才能明心见性呢？

有句话说："玉不琢不成器。"磨镜也是一样，若不经过一番琢磨，哪能透出镜子的光亮。佛说："一切众生皆有如来智慧德相，只因妄想执着不能证得。"如同空中的乌云覆盖了太阳的光亮，唯有去除烦恼的乌云才能显出真心本性，得到光芒。如何才能明心见性？佛法教导我们要依靠修行的力量，才能认识自己的本来面目。

　　自古以来，许多的高僧大德透过苦行、诵经、念佛、参禅、打坐、服务大众、弘法利生等事相上的修行，来磨炼我们的心性，最后能大彻大悟，明心见性，成就佛道。

【思考】

1. 何谓"明心见性"？

2. 佛教经典曾将"心"比喻成什么？

3. 如何才能明心见性？

法华七喻

三界无安，犹如火宅，

众苦充满，甚可怖畏。

——《妙法莲华经》

【提要】

法华七喻，即是《法华经》所说的七种譬喻，即：火宅喻、穷子喻、药草喻、化城喻、衣珠喻、髻珠喻、医子喻。此七喻是佛陀为了使大众易于理解，多取譬喻而宣说的教义。《法华经》为后秦鸠摩罗什所译，又称《妙法莲华经》为大乘佛教重要的经典之一，共有二十八品，在佛教思想史、佛教文学史上具有不朽的价值。

【正文】

借着浅显的譬喻来阐述深奥的真理，是《法华经》的重要特征，同时也是《法华经》之所以被推崇为"诸经中最具文学价值的经典"的原因。全经二十八品中，可以说处处使用譬喻，不胜枚举，其中最为人熟知的，即一般所称的"法华七喻"。

1. 火宅喻：又作三车喻，出自《譬喻品第三》。譬喻家宅遭遇大火，幼儿仍在宅中游玩，不知脱离危险，长者乃施设方便，告诉幼儿门外有他们所期望的羊车、鹿车、牛车，借以诱出门外，遂共乘大白牛车脱离火宅。此譬喻中，火宅比喻三界，谓三界为五浊、八苦等苦恼所聚，无法安住；幼儿比喻众生，谓众生贪着三界，耽于享乐的生活，不知处境的危险；长者比喻佛，羊车比喻声闻乘，鹿车比喻缘觉乘，牛车比喻菩萨乘，大白牛车比喻一佛乘。

2. 穷子喻：出自《信解品第四》。穷子为长者之子，年幼便流离失所，不知自己的出身，后辗转浪迹至长者家，见府第之豪贵，心生恐惧，欲疾走而去，长者一见便识，设施种种方法，收为嗣子，以令其自觉。以此比喻佛对自认为声闻者施设种种方便，增上其心，转为菩萨之自觉。

3. 药草喻：出自《药草喻品第五》。譬喻诸药草种类有别，名色各异，虽同受一雨所泽，然因根、茎、枝、叶之别，大、小诸树各称性而长，以致各有差别。比喻众生根性各异亦复如是，佛陀随众生品类，以教化众生千差万别的智性，治愈其病惑，令证入菩提。

4. 化城喻：出自《化城喻品第七》。譬喻有旅行者，本欲行至五百由旬之宝处（真实之悟界），然于中途因疲惫而休止；其时，领导者即在三百由旬处假现化城（方便之悟界），借此诱导旅行者抵达宝处。比喻佛为引导众生入一佛乘，而以方便说三乘法。

5. 衣珠喻：出自《五百弟子授记品第八》。譬喻有人至亲友家，醉酒而卧，时彼亲友因官事必须远行，即以无价宝珠系其衣内而去，其人醉卧，毫不觉知。其后，为求衣食故，备受艰苦，直至亲友告知赠珠之事，生活遂得改善无缺。比喻众生本自具足佛性，却迷而不悟，遂致流转生死，饱尝痛苦，如能一念觉悟，便得解脱。

6. 髻珠喻：出自《安乐行品第十四》。譬喻转轮圣王将覆藏在发髻中之宝珠解开，给予功臣观看。比喻如来说《法华经》，开权显实，给予二乘亦必成佛之证明。

7. 医子喻：出自《如来寿量品第十六》。譬喻孩童不知毒药而狂吞，其父给予妙药医治。然因孩子丧失神智，不肯服药，父亲遂借故外出旅行，并假称已客死途中，以唤醒孩子神智，进而服药病愈。比喻如来为救被错误及邪恶思想所迷惑的众生而说《法华经》，并且为让众生心生渴仰恋慕之心，因而进入涅槃。

【思考】

1. 何谓"法华七喻"？略述其内容。

2. 你最喜欢"法华七喻"哪一则譬喻故事？为什么？

3. 请分享从小至今你印象最为深刻的譬喻故事。

阿鞞跋致

精进勇猛无懈退，务修禅定戒多闻，

智慧了达常清净，不久成于大悲者。

——《月灯三昧经》

【提要】

阿鞞跋致又作不退转。佛教鼓励人要发"菩提心"，菩提心就是"长远心"；所谓"菩提心好发，恒常心难持"，所以学佛重在"不退转"。立志发心，不能像朝露，经不起太阳一照，就自己消失了。所谓"难行能行，难忍能忍"，如果只有"五分钟的热度"，就无法成就佛道。"不退转"是菩萨"普化群迷入慧海，度诸有情趣觉岸"的愿力，也是众生成佛不可缺少的动力。

【正文】

《阿弥陀经》说："极乐国土，众生生者，皆是阿鞞跋致。"意思是说，西方极乐世界的众生都是获得不退转地的菩萨，除非自己将来发愿倒驾慈航，再入娑婆世界广度众生，否则再也不必受生人间，得以免受轮回生死之苦。

"阿鞞跋致"就是"不退转"，是指修行有得所证悟的信心、果位已入不退转地，必然不会退堕而能得至成佛之位。

"不退转"是缘于菩萨"十信、十住、十行、十回向、十地、等觉、妙觉"五十二阶位中，十住中的第七住称为"不退住"，而产生种种的不退转之说：

1. 位不退：十住位之中，第七住以上的菩萨，不再退转二乘地。

2. 行不退：十地之中，第八地菩萨能修有为无为行，而不再退转。

3. 念不退：第八地以上的菩萨无须刻意精进，自然可进道而不动念。

4. 处不退：往生弥陀净土，不再退转。

5. 信不退：十信位中，第六心以上的菩萨，不再起邪见。

6. 证不退：初地以上的菩萨，所证的法不再退失。

7. 烦恼不退：等觉位的菩萨，不再为烦恼而退转。

佛经中常将人心譬喻为田，学佛就是在开"发"自己的"心"田，所以要"发心"。有句话说"发心之初，成佛有余"，但是，在学佛的障道因缘中，最主要的也是"心"，诸如：（1）心门不开；（2）心结不解；（3）心担不放；（4）心妄不除；（5）心忧不喜；（6）心暗不明；（7）心狭不宽；（8）心恶不除；（9）心邪不正；（10）心贪不舍；（11）心迷不悟；（12）心有不空等。

尤其，初发心很难，要坚持到完成更难，因此学佛不但要发增上心、出离心、菩提心、慈悲心、欢喜心、惭愧心、大愿心……更重要的，要发恒常心，因为佛道长远，成佛要三大阿僧祇劫，不发长远心，一遇困难挫折，或者名闻利养等诱惑，很容易退失道心，所谓"学佛一年，佛在眼前，学佛二年，佛在天边，学佛三年，佛不见了"。

所以《华严经》说，学佛要不忘初心，不忘自己学佛之初所发的愿心，才能坚此百忍，才能克服种种障碍，才能降魔成道。所以要"难行能行，难忍能忍"，要"福慧双修"，要"行解并重"，如果畏惧麻烦，缺乏耐心，就像种子虽播种了，却怠于施肥、浇水，则不能发芽，更谈不到开花、结果。因此，从初心到完成，这是成佛之道，若能信心不退转、愿心不退转、修行不退转，则成佛不难矣！

【思考】

1. 试述"阿鞞跋致"的含义。

2. 文中有哪些不退转之说？

3. 学佛，如何不忘初心，让自己永不退转？

第十章

善知识

因善知识，净菩提心，

譬如猛火，能炼真金。

——《华严经》

【提要】

至圣先师孔子曾经说过："我不如农夫。"因为他自认不会耕种，所以农夫是他的善知识。《华严经》云："一切菩萨普遍成就一切佛法，如是皆由善知识力而得圆满。"对于善知识的教导，我们更应依教奉行，如此才能够使我们闻一切菩萨行，成就一切菩萨功德。善知识是能教人远离诸恶，奉行诸善的善友，是每个人生活在世间上，不能缺少的良师益友。

【正文】

《华严经·入法界品》记述，善财童子为了修学菩萨行，曾参访五十三位善知识。所谓善知识，是指正直而有德行，能教导正法，使人走上正道的人；反之，教导邪道，导人歧路的人，称为恶知识。

善知识必须具备：正知正见、通达经教、事理圆融、慈悲乐说、应机说法、给人信心；所谓"证教达实性，悲悯巧为说"，也就是本身要有德有学、有修有证，而且要乐说巧说，善于宣说法要，以引导众生舍恶修善，入于佛道，此为全德善知识。只是，末法时代善知识难求，因此，只要对佛法的行解有胜于自己之处，都是可以亲近的善知识。

在佛门里，通常把师长们称为"善知识"，除此，同参道侣、护法善信，都是修学道上不可或缺的善知识，称为三种善知识：

1. 外护善知识：资助办道资粮，令我心无旁骛，心不怖畏，得以安稳修道者。

2. 同行善知识：与我同道，互相切磋琢磨，彼此砥砺精进者。

3. 教授善知识：宣说法要，解我疑虑，启我正见，令去恶向善、明因识果者。

在修持道上，善知识对我们有莫大的影响力，因此经典将善知识譬喻为：如大地，可以承载我们；如高山，可以成长我们，为我们依靠；如乳母，可以守护我们，不令作恶；如良医，能医治我们种种烦恼病苦；如勇将，能灭除我们一切诸恐怖；如船师，能令我们度越生死瀑流，由此可见善知识的重要。

《大集会正法经》说："善法为知识。"善法是指顺理益世的佛法，例如：三法印、四圣谛、六度、四摄、四无量心等，不但能使众生离苦得乐，乃至世间达于至善，而且能圆满我们的菩提道业，所以究竟说来，佛法是真正能导人善途的善知识，所以学佛应该听闻正法，这就是亲近善知识。

【思考】

1. 何谓"善知识"？善知识必须具备什么条件？

2. 试述善知识的种类。

3. 生活中，你有哪些善知识？

挂　单

恒用戒香涂莹体，常持定服以资身；

菩提妙华遍庄严，随所住处常安乐。

——《佛说无常经》

【提要】

过去佛门僧人为了求法悟道，四处参访，寻师问道。这些云水僧大都以寺院作为参禅寻师之地。现在，一般寺庙不仅出家众可以挂单，不少在家信众也喜欢偶尔到寺院挂单数日，暂时远离尘嚣，享受寺院的宁静祥和，让心灵做一番涤尘净虑的功夫，然后再次扬帆出发。

【正文】

古代的禅师们，为了云游参访、寻师访道，经常会到一些禅寺挂单食宿。

挂单又称挂锡、挂钵，取意于将随身携带的三衣钵具、锡杖等衣"单"悬"挂"于僧堂内之钩，含有依住丛林的意思。

依照古代的丛林清规，凡是受过具足戒，衣钵戒牒俱全的云游僧到寺，都可"挂单"，可暂住在旦过寮，又称云水堂。

　　传统的挂单有其一定的程序：首先要到客堂等候，由茶房或侍者先行了解，然后通报知客师，知客师一到，要赶忙说"顶礼知客师父"，知客师如果说"问讯"，就遵照问讯即可，知客师坐下后可跟着就座。这时知客师会问："上下怎么称呼？常住在哪里？"回答："小名××，小庙××。"再问："从哪里来？来做什么？"如果是旅行经过，只暂住一二宿，就说"打扰常住"，知客师一听，一般不再多问，随即叫人送单。如果回答"亲近常住"，就表示要住下来参学，这时知客师会再多问一些问题，如："今年几岁？曾经在何处参学过？"以便多一些了解，以安排进禅堂、念佛堂、佛学院，或者行单。回话时态度要从容不迫、不疾不徐，而且要得体合宜。

　　问话过后，再检查戒牒、衣单，然后送单。这时知客师早已叫人通报云水寮的寮元师[①]，见了寮元师要顶礼一拜，寮元师说："送知客师。"知客师回道："不送，留下来与寮元师讲话吧！"待知客师走后，寮元师会叫一位在此挂单一段时日的参学者说："将此新进堂的大德带去安单。"这时才可以带着衣单随安排挂单。

　　挂单后要遵守规矩，如欲向大德请法，要事先预约，并遵守五项规矩：

　　1. 要有谦恭下意之心。

　　2. 要知道次第的坐处，也就是懂得长幼进退，知道自己的顺序在哪里？

　　3. 不论说余事，就是不可以说参访求道以外的闲事杂话。

　　4. 要细心聆听，并且融会铭记在心。

　　5. 要能信受奉行。

　　随着挂单以后而有送单、安单、进单、看单、留单，甚至违规犯过而被"迁单"，乃至自己不告而别称"溜单"等。

古代挂单一定要携带衣"单"，也就是头陀十八物，分别是：杨柳枝、澡豆（洗粉）、三衣（僧伽梨、郁多罗僧、安陀会）、水瓶、钵、坐具、锡杖、香炉、香匣、漉水囊、手巾、刀子、火燧、镊子、绳床、经律、佛像、菩萨像等十八种头陀使用的东西，除此别无他物，所谓"衣单二斤半"。由此可看出出家人生活简朴，不受物役，不为物累，故能像行云流水一样云游四海，处处为家，故称出家人为云水僧。

【注释】

①寮元师：寺院中司掌众寮事务之僧职。该职掌理众寮之经文物品、茶汤柴炭、请给供需、洒扫浣濯等，其下设有寮长、寮主、副寮、望寮等辅佐其职务。

【思考】

1. 试述传统的挂单程序。

2. 略述头陀十八物及其用途。

3. 挂单后，应遵守哪些规矩？

无明烦恼

不寐者夜长，疲倦者路长，

无明者痴长，心光者法长。

——《出曜经》

【提要】

无明，是烦恼的别称。即暗昧事物，不通达真理与不能明白理解事相或道理之精神状态。就十二缘起，无明为一切烦恼之根本。在佛教里，有时把酸涩比喻成烦恼。一个人与生俱来的无明烦恼，所表现出来的不但别人不能接受，连自己也引为束缚痛苦，必须得到外力的助缘，使其内心逐渐变化，染污的会成为清净，无明的会变成明理，愚痴的会变为智慧，酸涩会转化成甜美。

【正文】

无明分为根本无明与枝末无明。根本无明，即无始以来，因一念不觉，不能了达真如平等之理，而生起种种分别，是最细微的动心。从根本无明又生起种种较为粗显的烦恼，扭曲我们的知见，让我们不知有因果业报，不知有圣贤凡夫，因而起惑造业，从而更添种种烦恼，凡此则称为枝末无明。所以无明是烦恼的根源，无明本身也是烦恼。

无明也称为痴。有人写成"痴"，痴之一字，是"知"从"疒"字旁，也就是知见生病了，不知有因果业报，不知有圣贤凡夫，于是种种颠倒、种种妄想，让我们在其中翻覆流转、深受其苦。

烦恼是学佛的最大魔障之一，因为烦恼能障蔽我们内心中原有的真如佛性，所以又称作盖、障；它盘缠在我们心中，像是重重绞绕的绳索，所以又称作结、缠；它能束缚我们的身心，使我们不得自在，所以又称作缚；它像污垢，能污染我们的心性，所以又称作垢；它像尘埃，可以附着我们的心，使我们的心光不能朗照，使我们身心劳顿，所以又称作尘劳；它像洪流一样，可以流失我们的善良品德，所以又称作暴流；它能驱使我们在无明之中永远的轮回，所以又称作使；它使我们恓恓惶惶，迷失本心，所以又称作惑。此外又有火焰、毒箭、虎狼、险坑等譬喻。总之，烦恼会恼乱我们的身心，使我们无明造作，因而流转生死，所以学佛就是与烦恼魔军作战，若想要获得解脱自在，就必须战胜烦恼魔军。

依照凡夫的习性，对于自己所喜爱的人事物，自然想要执为己有，这就是贪心；相反的，对于不顺己意的人事物，就产生排斥甚至厌恶，这就是嗔恚；由于凡事全凭自己的好恶，如愿则喜，不如愿则怒，完全不明事理，这就是愚痴。因为贪嗔痴作祟，于是产生悭贪、吝啬、嫉妒、自私、怨恨、执着、恼怒、散乱、烦闷等情绪，这就是烦恼。因此产生烦恼的根本原因就是贪嗔痴，所以学佛修行就是要"勤修戒定慧"，以期"息灭贪嗔痴。"

佛经形容人有八万四千烦恼，可见人的烦恼多如恒河沙数，如果没有修行，则无法对治。在《观世音菩萨普门品》中，佛陀告诉无尽意菩萨说："若有无量百千万亿众生，受诸苦恼，闻是观世音菩萨，一心称名，观世音菩萨即时观其音声，皆得解脱。"所以佛陀告诉我们要修行。念佛、诵经、拜佛、观想佛陀的慈容，乃至听经闻法、持戒行善等，都是修行，借着修行所获得的法喜、信心、力量，都能使无明烦恼消除净尽。此外，人之所以产生烦恼，究其原因，其实是心向外追求，迷惑于物境。因此只有看淡自我、忘弃自我，把小我融入大我，把自私自利的心，扩大为胸怀大众的心，如此才能去除无明烦恼，才能找回自我。

【思考】

1. 试述"无明"的含义。

2. 为什么烦恼是学佛的最大魔障？

3. 如何消除无明烦恼？试举例说明。

般若空性

菩萨正法城，般若以为墙，

惭愧为深堑，智慧可却敌。

——《华严经》

【提要】

"般若"，译为智慧，但不完全正确，因为"智慧"含义肤浅，有善有恶，有正有邪；般若是纯净善美的，是真实无漏的。因此般若就是我们本来的真面目，也就是人人本具的佛性。佛陀为了帮助众生达成此一目的，在他住世说法四十九年当中，仅仅般若就谈了二十二年，留下一部六百卷的《大般若经》，指引着众生证真实以脱生死，由此可见般若对我们的重要性了。

【正文】

在佛教的三藏十二部经典中，有"经中之王"之称的《华严经》共有六十卷（另有八十华严），而《大般若经》则有六百卷。其中《心经》虽只有二百六十字，却代表《大般若经》的全部精华所在。《心经》所阐述的是"缘起性空"的般若智慧，也就是教我们如何用"般若"观照诸法空性，进而认识自已。

"般若"读音"bō rě",是智慧的音译,因为它的含义比我们观念中的智慧还要深广,境界还要高超;而且智慧有善有恶、有对有错,般若是纯净善美的、是真实无漏的,所以古来都称"般若",而少用"智慧"来表达。

世间上的事物没有一样是恒常不变、独立存在的,但众生的智慧不能了达这些真相,唯有般若才能洞悉这些事物的无常性、无我性(无独存性),知道一切现象不过是多种因缘条件的假合而已,所以有般若就能认识"缘起性空",就能证悟宇宙人生的真理,成就佛道。所以佛经上说:"般若是三世诸佛之母。"

般若有三种:(1)实相般若;(2)观照般若;(3)方便般若。方便般若是推理判断一切诸法的差别相;观照般若是洞悉一切诸法的真实相;这两种般若的妙用都发自于实相般若,所以说实相般若是般若的本性,是众生自己本来具有的。

"般若"在中国是很通俗的名词,但是念的人多,懂的人少。般若有很高的境界,从凡夫到二乘、菩萨、佛,有层次上的深浅不同。凡夫的般若是正见,二乘的般若是因缘,菩萨的般若是空,佛的般若是般若。凡夫只要具有正知正见,就可以勉强称得上是有般若智慧了,真正的般若则要到证悟成佛才能证得。

"般若"是什么呢?"般若"不是语言可以解释的,以文字语言来解释的,不是般若,只是知识。勉强言之,可以取譬为"镜子",一个人不管胖瘦美丑,只要在般若的镜子前一照,当下实相现前,马上还你本来真面目。平时我们诵经拜佛、听经闻法,做种种的功德,就是要擦亮心中的镜子,心净则般若现前,有了般若,即使遭受人家的批评毁谤、无理打骂,都可以视为消灾,甚至被人家倒债了，都可以当成还债想，所以有了般若，人生的境界就不一样了，"平常一样窗前月，才有梅花便不同"。因此，学佛除了要涵养慈悲心之外，还要具足观空的般若智慧。

【思考】

1. 何谓般若？般若和智慧有什么不同？

2. 凡夫、二乘、菩萨的般若是什么？

3. 为什么说有了般若，人生的境界就会不一样？

无常苦空

恒作无常想，变坏则无忧，

如睹电为先，闻雷不惊怖。

——《大毗婆娑论》

【提要】

无常苦空为人生实相，诸法乃因缘和合所生，空无自性，随着缘聚缘散而生灭变异，所以一切法"无常"。当初佛陀因为感悟人生无常，于是舍弃荣华，出家修道；成道之后，也以苦、空、无常的人生真相来开示众生。尤其，修学佛法的人因为有"生死事大，无常迅速"的无常观，所以容易生起出离心，精进不懈。知道苦，才知道求解脱；苦，也是学道的增上缘！无常为我们的人生开拓更宽广的空间，很多苦难都因无常而重新燃起无限的希望。

【正文】

无常，音译阿尔怛也，为"常住"之对称，说明一切有为法都是生灭迁流而不恒常。因为一切有为法都是由因缘和合而生起的，也因因缘具足而散灭。无常的意思就是说世间无一样事物是永远存在不变异的，因此当人们有所失去时便感到痛苦及空无所有的失落。

人生必须历经生、老、病、死的过程；世间万物有成、住、坏、空的变化；众生的心念有生、住、异、灭的无常。无常一到，纵使是恩爱思念的夫妻、亲人也无法常相聚首，譬如共同栖居于森林的鸟群，一旦无常的大火烧来，只得各自纷飞，四处逃命去。有人一生蹀营，勤劳不懈，偏偏时运不济，变幻无常，饱受求不得苦；有人种种努力，虽也名利双收，但是一夕之间竟成阶下囚者，大有人在；乃至艰苦奋斗，好不容易得到荣华富贵，竟为无常作弄，终究是一场空花水月。

《大智度论》比喻世间无常、不实、短暂，有如梦、幻、泡、影、露、电；无常的可怖如狼如虎；无常杀鬼随时都会夺取修行人的性命；无常风、无常刀、无常使，片刻不离我们的身旁。

如果众生能够深切体会，世间一切诸法都是苦空无常的，必定能帮助我们早日从虚幻不实的世间万象里走出，步上解脱之道。认识了无常苦空的价值，必定能得到积极向道的观念。

1.因为世间无常苦空，所以我要珍惜现在、当下的美好。

2.因为世间无常苦空，一切变化莫测，所以得以体会法性的真实平等。

3.认识世间无常苦空的真理，知道一切诸法都是因缘所成，所以要掌握当下，广结善缘。

4.有了世间无常苦空的观念，所以不会被神权邪说所迷惑。

世间无常故苦，诸法本无自性故空。顺遂变成困逆固然是无常，祸厄转为幸福也是无常。了解无常本无自性，努力修行，转祸为福，转迷为悟，自然远离灾难，常保安康。

【思考】

1. 你如何诠释"无常苦空"？

2. 认识无常对我们的生命有何意义？

3. 试述一则"无常"的例子。

涅　槃

正见生长时，能令愚病灭，

脱恶满善缘，速证涅槃乐。

——《本事经》

【提要】

涅槃原为梵文，翻译成中文就是寂灭、灭度、无生，与择灭、离系、解脱等词同义。《涅槃经》说："灭诸烦恼，名为涅槃。"简单地说，涅槃就是经过修行而灭除了贪欲、嗔恨、愚痴、无明、邪见、是非等烦恼以后，所获得的一种不生不死、物我两忘、圆满光明、自由自在的世界，也就是四圣谛中的灭谛，是学佛最终的目标。

【正文】

寺庙所供奉的佛像，一般有坐姿、立姿、卧姿等不同姿态。卧姿又称涅槃像，表示福慧圆满。所谓圆满就是了生脱死、超越时空、泯灭人我对待，自他融合一体。所以，涅槃不是死亡，而是最真实、最有价值的人生，是佛教最高的自我证悟世界。但是一般人不懂，误把涅槃当作死亡，因此常见祭吊的挽联上写着"得大涅槃"，或说："气得一佛出世，二佛涅槃。"对涅槃的意义产生莫大的误解。

涅槃是证悟的境界，但是涅槃有层次上的分别，而各宗各派对涅槃的分类也各有不同，天台宗依体、相、用，认为涅槃有本自具足的"性净涅槃"、透过修行证得的"圆净涅槃"、为教化而示现的"方便净涅槃"；法相宗则分为自性清净涅槃、有余依涅槃、无余依涅槃、无住处涅槃等四种。

不管涅槃的种类多少，名称如何，可以确知的是，涅槃绝不是死亡。如果涅槃是死亡，那么学佛的人千辛万苦，经过多生累劫的修行，仅仅为了完成死亡，那就太没有意义了。涅槃不一定等到死亡以后才能证得，例如：佛陀三十一岁时，在菩提树下金刚座上早已证得涅槃，只是还有色身的依报存在，是为"有余依涅槃"；八十岁时，在娑罗树下入灭，则是"无余依涅槃"；佛陀在四十九年间行化各地，接应群机，过的是无染无着的"无住涅槃"生活。佛陀曾在《法华经》中自述："我于尘点劫前早已成佛，自是以来，常在此娑婆世界说法教化，亦于余处百千万亿余那由他阿僧祇国导利众生。"所以，佛陀在此娑婆世界的诞生、出家、降魔、成佛、说法、入灭等诸相，都是"方便净涅槃"的运用，也是"无住涅槃"的境界。我们之所以要求证涅槃，就是要找回本自具有的"自性清净涅槃"。

涅槃是一种解脱，是永恒的快乐，是"常乐我净"的世界。涅槃其实是可以在日常生活中体证的，当我们遇到棘手困难的事，经过千辛万苦，受过种种磨难挫折，最后终于圆满解决了，可以说涅槃了；对于一个内急或便秘已久的人而言，能够顺利抽解，这就是涅槃；乃至对于一个食欲不振、长久失眠的人来说，能够好好吃一餐饭、睡个好觉，这种美妙的感觉就是涅槃。涅槃就是痛苦困难获得解决，就是解脱生死烦恼，因此，当我们不再受制于贪嗔痴烦恼的束缚时，当下就是一种涅槃解脱的境界，所以涅槃乃人人可证，当下可得。

【思考】

1. 试述"涅槃"的真义。

2. 你如何在日常生活中体证"涅槃之乐"？

3. 请分享读后心得。

转识成智

世间苦恼诸有情，皆由邪慧心谄曲，

如猴轻躁无暂安，随其识浪常漂流。

——《父子合集经》

【提要】

就"法相宗"而言，修行的最终目标是"转识成智"，也就是将有漏的情识转为无漏的智慧。然佛道长远，非一蹴可就，必须发恒久心，精进不懈，积功累德方得以成就。因此我们可以从日常生活中的"转识成智"做起，累积很多的小悟，终有一天就能成就大彻大悟。

【正文】

法相宗主张"万法唯识"，意即一般人所觉知的万法是心识变现而成，并非世间的实相。例如，同样的一条河，人看起来当然是河水，但是在天人看来是宝池，在鱼虾看来是住所，在饿鬼看起来则是脓血，这是因为众生业力不同的缘故。而即使同在人趣，不同的人看到同一条河，例如，擅泳者与恐水者、河边约会的情侣与经历洪水的灾民，他们对于同一条河的感受，乃至印象必然不同。另如谚语"色不迷人，人自迷"等，类此之例不胜枚举，说明了吾人之见闻觉无时无刻不被心识牵引，进而起惑造业，倘仅扰乱一己之心境尚属事小，若至引起社会的动荡，则为祸大矣。

如何才能转迷为悟，自利利他呢？佛教将有漏的心识分为八类——眼识、耳识、鼻识、舌识、身识、意识、末那识、阿赖耶识，强调以转化的方式步步升进，终至将有漏染污的八识尽转为无漏清净的四智，即所谓的"转识成智"，或"转八识成四智"：

1. 转前五识为成所作智：当第八阿赖耶识转为无漏的大圆镜智时，有漏的前五识也转为无漏的"成所作智"，因大悲故现起三类化身：（1）千丈胜应身，（2）丈六的劣应身，（3）随类化身，以身、口、意业"成"就诸"所作"为，让一切有情得以离苦得乐。此即《八识规矩颂》所说的"圆明初发成无漏，三类分身息苦轮"。

2. 转第六识为妙观察智：当修行进入十地中的第七地"远行地"时，有漏的第六识转为无漏的"妙观察智"，能以圆满明净的"妙"智慧"观察"大千世界诸法之自相、共相，故得以自在无碍地应机说法，教化一切众生。此即《八识规矩颂》所说的"远行地后纯无漏，观察圆明照大千"。

3. 转第七末那识为平等性智：当修行进入十地中的初地"极喜地"时，不须特别作力，自我意识即彻底摧毁，有漏的第七末那识遂转为无漏的"平等性智"，因了知一切法及有情自他不二，悉皆"平等"，除感得极妙圆净之身与周遍法界之土，自住于法乐之外，并可以任运自在地对初地以上的菩萨示现他受用之微妙功德身与土，平等说法，行饶益之事。此即《八识规矩颂》所说："极喜初心平等地，无功用行我恒摧，如来现起他受用，十地菩萨所被机。"

4. 转第八阿赖耶识为大圆镜智：当修行至十地中的第十地"法云地"时，有漏的阿赖耶识转为无漏的大圆镜智，清净无垢，离诸分别，能如"大圆镜般"光明普照，遍映万象。此即《八识规矩颂》所说："大圆无垢同时发，普照十方尘刹中。"

【思考】

1. 何谓"三界唯心，万法唯识"？

2. 如何"转识成智"？

3. 请撰写一篇读后心得。

阐提成佛

愿以此功德，普及于一切，

我等与众生，皆共成佛道。

——《妙法莲华经》

【提要】

阐提成佛，意指断绝一切善根，作恶多端的人也可以成佛。佛教主张"佛性平等，人人皆得成佛"。所谓"即心即佛"，又谓"佛是已觉悟的众生，众生是未觉悟的佛"。综观历史，许多宗教的圣者，如佛陀宽恕十恶不赦的提婆达多，耶稣宽恕出卖自己的犹大；不是他们善恶不分、好坏不明，此乃圣者的心肠，让我们看出"宽恕之美"。

【正文】

佛陀成道时曾发出宣言说："奇哉！奇哉！大地众生皆有如来智慧德相。"说明众生皆有佛性，皆可成佛。在《大般涅槃经》中，更载明一阐提也具有佛性，纵然断善根，佛性仍常住不变，最后也能成佛。

最早提出"阐提成佛"之说的是东晋时代的道生大师。道生是鸠摩罗什的门人，他研究法显与佛陀跋陀罗合译的六卷《大般泥洹经》后，提出"阐提成佛"之说，但因当时《大般涅槃经》还未传来东土，大家都认为阐提没有佛性，不能成佛。因此，一般旧派学者都认为他离经叛道、擅改佛旨，便将他摈出法门之外。三年后，也就是刘宋武帝永初二年，昙无谶于凉州译出《大般涅槃经》四十卷，经中明白指出"阐提都有佛性，都能成佛"。这时大家才一致叹服道生大师的卓越见识与造诣之深。

据说，道生大师遭学者排斥后，曾在江苏虎丘山聚石为徒，阐述"阐提成佛"之说，感得群石点头，后世遂有"生公说法，顽石点头"的美谈。

阐提，译为断善根、信不具足、极欲、大贪、无种性、烧种，也就是指断绝一切善根、无法成佛的人。根据《入楞伽经》，阐提分为两种：

1. 断善阐提：本来就缺乏解脱因者，也就是起大邪见、断大善根、生大恶而不能成佛者，例如毁谤大乘佛法、不信善恶因果、犯了五逆大罪等。

2. 大悲阐提：菩萨本着救度一切众生的悲愿，而故意不入涅槃。例如地藏菩萨发愿"地狱不空，誓不成佛"，即属大悲阐提。

"阐提成佛"之说除了载于《大般涅槃经》之外，天台、华严及其他大乘诸宗也主张一切众生皆能成佛，其根本思想认为佛性常住而一切悉有。不过，法相宗仍主张有不能成佛的众生存在，因此，一阐提能否成佛至今仍是教界争论的问题。不过，"生公说法，顽石点头"，连石头那样无情的东西都会点头，可见这个世界随着圣者的觉悟，而一切都充满法性，一切都是有生命的。

有人常问："山河大地，树木花草，能不能成佛？"诚如真观禅师回答道文法师的话说："挂念花草树木能否成佛，对你有何益处？应该关心的是自己如何成佛。"因此花草树木能不能成佛，不是重要的问题，只要能觉悟此心即佛，山河大地、树木花草都会和我们一起成佛的。

总之，佛教的根本精神在于，只要发起菩提心，任何人皆可成佛，因此每个人都不可妄自菲薄，要肯定自己能成佛，这才是最重要的。

【思考】

1. 什么是"一阐提"？

2. "阐提"又分为哪两种？

3. 你同意"阐提成佛"之说吗？为什么？

福慧双修

惭为善服，戒为平安，

慧为人宝，福为资财。

——《出曜经》

【提要】

福慧，意指福德与智慧。福者修六度中之布施、持戒、忍辱、精进、禅定等善业，属利他；慧者智慧，即观念真理，属自利。一般的人都认为福就是财，但实际上，福德、福慧，才是更为重要！学生读书，要"五育并进"，才是全方位的学习；宗教信徒，要懂得福慧双修、行解并重，才是全方位的信仰和真正圆满的人生。

【正文】

福慧双修，意思为同时修持福德与智慧二种庄严法门。所谓福德门有哪些呢？如六波罗蜜中的布施、持戒、忍辱、精进、禅定等利益他人的善业都为福德。智慧门指般若，为自我利益的真理、观念。

据《成唯识论》卷九记载：菩萨所修诸胜行中，以慧为性者称为智，其余则称为福。菩萨为成就佛果，必须上求菩提（智业），下化众生（福业），因其所具备的福、智二行，为成佛的最胜实践，故称为二种胜行。

佛教有一句话说："修福不修慧，大象披璎珞；修慧不修福，罗汉应供薄。"说明学佛应该要福慧双修，不可偏废一法。经典中处处阐明修行要福慧双修，即使要往生西方极乐世界，也不可少善根福德因缘。《华严五教章》卷二说："此终教中论其实行，从初发意即福慧双修，故成佛时无别修也。"要成佛，没有什么特别的法门，就是福慧双修而已。日常生活中我们要如何积集福慧资粮呢？六度相摄是最好的修持。

1. 布施：不论是财布施、法布施，还是无畏施，以能抱持"三轮体空"为最高原则、境界。

2. 持戒：非仅持戒相外表，能重视持戒的真正精神意义，以不侵犯他人为原则，并且尊重利益他人。

3. 忍辱：忍辱非消极的打不还手，骂不还口，忍辱是积极、承担、化解、处理和自在的处事态度。

4. 精进：所谓正精进，"已生恶令断，未生恶令不生；未生善令生，已生善令增长"。即使修福的精进，也需要以智慧为导引，才不至于盲修瞎练。

5. 禅定：修持禅定工夫的人，身不妄动，口不乱言，意不颠倒，自然不会干扰他人，生长智慧，得到他人的尊敬供养。

6. 般若：以智慧为导，不间断地修持布施、持戒、忍辱、精进、禅定，自然能得大般若。

所以"福德"要"智慧"来引导，"智慧"要"福德"来积成。福慧如鸟之双翼，偏一不可，是为福慧双修。

【思考】

1. 试述"福慧双修"的意义。

2. 福德门有哪些？智慧门有哪些？

3. 日常生活中，如何积集福慧资粮？

龙华三会

弥勒真弥勒，分身千百亿，

时时示时人，时人自不识。

——《景德传灯录》

【提要】

我们这一期的生命，从过去延续到现在，从现在慢慢走向未来。龙华三会，指弥勒菩萨于龙华树下成道之三会说法。根据佛经记载，佛陀座前苦行第一的迦叶尊者，入灭前曾发愿言："愿我身不坏，弥勒成佛后，我骨身还出，以此因缘度众生。"因此，他至今尚未入灭，正手捧释迦如来的衣钵，隐居鸡足山里，等待六十七亿万年后，当来下生弥勒尊佛龙华三会之时，将佛陀的衣钵传给弥勒佛。

【正文】

农历元月一日是当来下生弥勒菩萨的圣诞，弥勒菩萨当初与释迦牟尼佛一起修行，由于彼此发心不同，因此释迦牟尼佛早已成佛，而弥勒菩萨现仍在兜率内院修菩萨道。

弥勒菩萨是此土未来佛，曾蒙释迦牟尼佛亲为授记：当其寿四千岁尽时（约人间五十七亿六千万年），将下生此娑婆世界，于龙华树下成佛，分三会说法，称为"龙华三会"。

龙华三会时，于昔时释迦牟尼佛教法下未曾得道者，将以上中下三根之别，悉皆得道。根据《菩萨处胎经》，龙华三会所度之众分别为：

初会：度众九十六亿，凡有出家僧众能持戒者，当先度之。

二会：度众九十四亿，虽未出家，但已皈依三宝，且能依戒奉持，恭敬供养者，皆当得度。

三会：度众九十二亿，虽未持戒，而能敬香礼佛，乃至一念称名，少分供养，生正信者，亦皆度之。

自古弥勒菩萨与阿弥陀佛信仰同为佛教徒所重，弥勒菩萨的兜率净土稀有殊胜如下：

1. 兜率净土距离娑婆世界很近，同样在欲界，修行比较容易，只要皈依三宝，清净持戒，如法布施，再加上发愿往生，称念南无当来下生弥勒佛，就能往生兜率净土，不必像极乐净土，念佛要达到一心不乱的程度，始得往生。

2. 往生弥勒净土，不一定要发菩提心、出离心，发增上心的人天善根，也能随愿往生，三根普被。

3. 往生兜率净土者，可以面见弥勒菩萨，听他说法而得不退转，见佛闻法的速度比极乐净土快速。

因此，求生兜率净土，并不是去享受兜率天的欲乐，而是去亲近弥勒菩萨，等到弥勒菩萨下生人间时，参与龙华三会说法的盛会，见佛闻法，断除烦恼，解脱生死，这才不辜负弥勒菩萨在欲界天建立净土的悲愿。

【思考】

1. 试述"龙华三会"的缘起。

2. 龙华三会所度的众生为何？

3. 简述弥勒菩萨的兜率净土有哪些殊胜之处。

4. 为什么往生弥勒净土不一定要发菩提心与出离心？